Göttliche Weisheit - Göttliche Natur

Adresse:
Bibliotheca Philosophica Hermetica
Bloemstraat 13-19
1016 KV Amsterdam, Niederlande
Telefon +31 20 6258079 und +31 20 6259096

E bph@ritmanlibrary.nl
I www.ritmanlibrary.com

Entwurf: Multimediation, Harlingen
Druck: Practicum, Soest
Übersetzung: Jutta Schmitt-Teiwes

ISBN 9789071608346

Abbildung der Titelseite mit freundlicher Genehmigung der Zentralbibliothek Zürich, Oskar R. Schlag Bibliothek

Beitrag von Alinda van Ackooy: Stephan Michelspacher; Beitrag von Peter Forshaw: Sophia in der *Geheime Figuren.*

(Asclepius-Reihe 4)

© Bibliotheca Philosophica Hermetica

GÖTTLICHE WEISHEIT
GÖTTLICHE NATUR

Die Botschaft der Rosenkreuzer-Manifeste
in der Bildsprache des 17. Jahrhunderts

Editiert von José Bouman und Cis van Heertum

Amsterdam
In de Pelikaan 2014

Inhalt

Vorwort "An den Leser der Weisheit versteht..." von Esther Ritman   7

Teil I
Die Verkündung der Botschaft der Rosenkreuzer-Manifeste   17

Eberhard im Bart   21
Hilfe beim Graben nach der Quelle des Lebens: die Universität von Tübingen   24
Der Stern von Tübingen: Tobias Hess   25
Die Entstehung der Rosenkreuzer-Manifeste   28
Das Bücherhaus der Fraternität   41
Die wirkliche Hausbücherei der Urheber der Rosenkreuzer-Manifeste   59
Zurück zu den Quellen   68

Teil II
Die Botschaft der Rosenkreuzer-Manifeste in der Bildsprache des 17. Jahrhundert   71

Matthäus Merian der Ältere: die richtige Adresse für Alchemisten, Hermetisten und Rosenkreuzer   79
Heinrich Khunrath   81
Daniel Mögling   99
Stephan Michelspacher   113
Robert Fludd   125
Michael Maier   143
Geheime Figuren: Sophia   155

Nachwort   158

Quellenangaben   159

Ausgestellte Werke   162

Abbildungen   166

Reihing, Sendschreiben 1617

Vorwort "An den Leser, der Weisheit versteht ..."

Das Vorwort zur *Fama und Confessio Fraternitatis R.C.* in der Frankfurter Ausgabe von 1615 wendet sich an den "Leser, der Weisheit versteht" und beginnt mit einer Definition von Weisheit nach dem Verständnis von Salomon. Sie ist "ein unendlicher Schatz, denn sie ist der Atem der göttlichen Kraft und ein Strahl der Herrlichkeit des Allmächtigen; sie ist ein Abglanz des ewigen Lichtes, ein unbefleckter Spiegel der göttlichen Macht und ein Bild seiner Güte". Da der Herausgeber sich nicht vorstellen konnte, "dass es jemanden gebe, der diesen göttlichen Schatz nicht erwerben wolle", so lesen wir, hat er beschlossen die *Fama* und die *Confessio* zu veröffentlichen, "weil in denselben klar angezeigt und offenbart wird, was für Hoffnungen der Welt zu erwarten bleiben":

> Jetzt will die selige Morgenröthe anbrechen. Im Licht dieses Tages können alle himmlischen Schätze der göttlichen Weisheit und auch alle verborgenen, unsichtbaren Geheimnisse der Welt, der Lehre der ersten Väter zufolge, wahrhaft erkannt und gesehen werden.

> Das wird dann der rechte königliche Rubin sein, der edle, leuchtende Karfunkel, von dem gesagt wird, daß er einen feurigen Glanz besitze und im Finstern leuchte, ein vollkommenes Heilmittel für alle Körper sei, unedle Metalle in bestes Gold verwandle und den Menschen alle Krankheit, Angst, Not und Trübsal abnehmen könne.

Die Gaben des allein weisen und gnädigen Gottes werden am Beginn der *Fama* ausführlich besprochen. Er goss seine Gnade und Güte über die Menschheit aus, damit diese in der Lage sei, Wissen über seinen Sohn und die Natur zu erlangen und über die Hälfte der bis dahin unbekannten und verborgenen Welt, die ihr nun enthüllt wurde. Gott hat, so heißt es weiter, erleuchtete und weise Männer geschickt, die die unvollkommenen Künste wieder zu ihrem Recht bringen, "damit der Mensch doch endlich seinen Adel und seine Herrlichkeit erkenne und verstehe, welcher Art der Mikrokosmos ist und wie weit sich seine Kunst in der Natur erstreckt".

Es folgt ein wohl erwogenes und gedanklich ausgefeiltes Reformprogramm, durch das die Verfasser der *Fama* zum Ausdruck bringen, dass die Zeit reif sei, dass die Menschheit ihre Verantwortung für die erschaffene Welt erkenne. Die *Fama* richtet sich an "die Häupter und Gelehrten Europas" und ruft sie auf, die Fehler der Kirche und der Moralphilosophie zu beheben und "die verunreinigten, unvollkommenen Künste" und Wissenschaften zu reinigen, die neuesten Entdeckungen bekannt zu machen und "aus allen Fakultäten, Wissenschaften, Künsten und der gesamten Natur gewisse, unfehlbare Axiome zusammenzustellen". Diese würden sich "wie in einem Globus nach dem einzigen Mittelpunkt richten" und "wie bei den Arabern gebräuchlich, allein den Weisen als Regel dienen". Gelehrte und Wissenschaftler sollten einander – nach dem Vorbild der Weisen von Fez – vor allem wohlgesonnen sein, gleichgültig ob sie auf dem Gebiet der Mathematik, Physik, Medizin, Kabbala oder Magie arbeiteten. Von deren Geist der Zusammenarbeit wurde Christian Rosenkreuz, der Gründer der Bruderschaft des

Rosenkreuzes, ermutigt; er fand darin "einen noch besseren Grund für seinen Glauben, der völlig mit der Harmonie der ganzen Welt übereinstimmte und auch allen Zeitaltern wunderbar seinen Stempel aufgedrückt hatte".

Die von der Bruderschaft vorgeschlagene Reformation zielte darauf ab, universelles Wissen und Weisheit zu teilen und es zur Synthese zu bringen, gemäß dem schönen Vergleich, "dass genauso wie in jedem Kern ein ganzer Baum oder eine Frucht enthalten ist, auch die ganze große Welt (gleichsam) in einem kleinen Menschen vorhanden ist, dessen Religion, Politik, Gesundheit, Glieder, Natur, Sprache, Worte und Werke, alle im gleichen Klang und gleicher Melodie, mit Gott, Himmel und Erde harmonieren". Die Verfasser der *Fama* betonen, dass in ihrer Philosophie nichts Neues sei. Was allein zählt, ist, dass alles Wissen und alle Weisheit nun tatsächlich ausgebreitet und angewandt werden. Die *Fama* gibt auch den Hinweis auf eine Methode, mit der die Weisheit und das Wissen am besten angewendet werden können. Sie berichtet, dass die Bruderschaft ein Haus des Heiligen Geistes gebaut und ein umfassendes Handbuch allen Wissens herausgegeben hat, das ihren Mitgliedern Zugang sowohl zu der geheimen als auch der veröffentlichten Philosophie ermöglicht. Sodann hätten die Brüder beschlossen, die Welt zu bereisen, um es den Gelehrten zu ermöglichen, ihre Axiome zu prüfen. Sie hätten vereinbart, sich einmal im Jahr zu treffen, um gemeinsam zu arbeiten und ihre Axiome "in höchster Einigkeit, größter Verschwiegenheit und jeder nur möglichen Sanftmut untereinander" zu verbessern.

Obwohl die erste Ausgabe der *Fama* von 1614 nicht autorisiert war, zeigt das Vorwort zur zweiten Ausgabe von 1615, die auch die *Confessio Fraternitatis* enthält, dass die Verfasser keinerlei Zweifel aufkommen lassen wollten in Bezug auf die von ihnen beabsichtigte Reformation. Dass ihre "Fama" aber für gewaltige Furore sorgte, hatten sie nicht vorausgesehen.

Diese neue Veröffentlichung der Bibliotheca Philosophica Hermetica, *Göttliche Weisheit – Göttliche Natur. Die Botschaft der Rosenkreuzer-Manifeste in der Bildsprache des 17. Jahrhundert,* anlässlich des 400-jährigen Jubiläums der Rosenkreuzer-Manifeste in 2014-2015-2016, lenkt den Blick auf ein außergewöhnliches Spektrum an Bildmaterial, das in Deutschland im frühen 17. Jahrhundert erschien. Es entstammt teilweise dem direkten Umfeld des Tübinger Kreises, durch den die Rosenkreuzer-Manifeste inspiriert wurden, und teilweise anderen künstlerischen Quellen, welche die Beziehung von Gott und Natur sowie von Makrokosmos und Mikrokosmos zum Thema haben. Die Bilder waren Teil der Werke von verschiedenen Autoren: wie Heinrich Khunrath, Daniel Mögling, Stephan Michelspacher, Robert Fludd und Michael Maier. Die Bücher wurden an verschiedenen Orten veröffentlicht: in Hanau, Frankfurt, Augsburg and Oppenheim. Es ist sicherlich kein Zufall, dass der Hauptteil der Werke in den Jahren 1616-1618, nach der Veröffentlichung der Rosenkreuzer-Manifeste, erschien.

Eine Ausnahme ist Khunrath, dessen *Amphitheatrum sapientiae aternae* früher erschien und ausführlich besprochen wird. Wie Carlos Gilly in seinem ausgezeichneten Aufsatz "Khunrath und die Entstehung der frühneuzeitlichen Theosophie" schreibt, zielte Khunrath mit seinem *Amphitheatrum* nicht darauf ab, "eine systematisch-theoretische Enzyklopädie der Theosophie zu schreiben, sondern ein regelrechten theosophische Schauplatz oder

ein hermetisches Theatrum zu schaffen, um so alle Symbole und Begriffe der neuen Naturphilosophie in unterschiedlichen Bildern und Szenen visuell begreifbar und erlebbar zu machen".

Das verschwenderisch illustrierte Werk von Daniel Mögling mit dem Titel *Speculum Sophicum Rhodo-Stauroticum* ist tatsächlich oft als "Viertes Rosenkreuzer-Manifest" bezeichnet worden; es entstand definitiv unter dem Einfluss der Rosenkreuzer-Bruderschaft. Daniël Mögling lässt sein kunstvolles *Speculum Sophicum Rhodo-Stauroticum Universale* von 1618 mit Khunraths Worten aus dem *Amphitheatrum* beginnen, nicht nur um den in den Manifesten R.C. stark kritisierten "amphitheatralischen Histrion" Khunraths zu rehabilitieren, sondern auch dem von Andreae neu eingeschlagenen Kurs gegenüber alchemo-theologischen Tendenzen in der Rosenkreuzerbewegung entgegenzutreten – wofür er eine neue Terminologie benötigte, die er mit Begriffen wie "Arbor pansophiae", "pansophische Studien", "pansophische Weißheit" – oder in einem Wort: "Pansophia Rhodo-Staurotica" zusammenfasst.

Drei der anderen Autoren, Fludd, Maier und Michelspacher, waren Fürsprecher der Rosenkreuzer-Bruderschaft, aber auch das einzige Werk, das vor dem Erscheinen der Rosenkreuzermanifeste veröffentlicht wurde, Khunraths *Amphitheatrum Sapientiae Aeternae*, überbringt dem aufmerksamen Leser die gleiche Botschaft wie die anderen Werke. Der Impuls hinter den bildhaften Darstellungen und der Botschaft der Rosenkreuzer-Manifeste ist eng mit dem Werk des legendären Hermes Trismegistus verbunden, das durch die Übersetzung des *Corpus Hermeticum* in der Renaissance erneut ins Bewusstsein rückte. Khunraths *Amphitheatrum* überträgt in einer rechteckigen Figur einen wichtigen Teil der *Tabula Smaragdina* auf Lateinisch und Deutsch. In zwei weiteren Figuren des *Amphitheatrum* werden die *Smaragdische Tafel* des Hermes im Inneren des Berges gezeigt, die zur Zitadelle oder Festung der Naturgeheimnisse ("Arx Sapientiae" mit dem Stein der Weisen in der Mitte) führt, wo sich das "Oratorium" und das "Laboratorium" des Theosophen befindet.

Es gab zu jener Zeit aber auch noch andere große Geister, die nach einer allgemeinen Reformation der Welt verlangten. Einer von ihnen, Jan Amos Comenius, versprach in seiner privaten Korrespondenz mit dem Autor der *Fama* und der *Confessio*, Johann Valentin Andreae, die Flamme der Reformation brennend zu erhalten, falls sie zu erlöschen drohe. Als er 1668 schließlich sein pansophisches Werk *Via Lucis* in Amsterdam veröffentlichte, erklärte er in einer Widmung an die Royal Society den Zweck des Buches. Es wolle die Menschen auf ihre Größe und gleichzeitig auf den unfehlbaren Weg des Lichtes aufmerksam machen, durch den sie wahres Glück erreichen: "Denn das wäre in der menschlichen Natur die wahrhaftigste Erneuerung zur Gottesebenbildlichkeit, wenn niemanden mehr befohlen würde, etwas gegen seinen Willen zu wollen, etwas für sinnvoll zu halten, ohne den Sinn zu verstehen oder etwas unter Zwang zu tun. Denn eben dies bedeutet ein vergebliches Wollen, Auffassen und Handeln, wodurch das Ebenbild Gottes im Menschen zerstört wird". Im fünften Kapitel seines Werkes beschreibt Comenius leidenschaftlich, welche Form diese Erleuchtung annehmen könnte: "Wenn das Licht der so gearteten Weisheit entfacht werden kann, wird es sich auch über den ganzen Bereich des Menschlichen Verstandes verbreiten können [...] und es wird auch in der Lage sein, den Menschen Freude zu bereiten und schließlich deren Willen umformen. Sobald nämlich die Menschen in jenem außergewöhnlichen Licht die Zweckbestimmungen ihrer selbst und der Dinge klar vor Augen haben und auch die Mittel zum Erreichen der guten Zwecke

Khunrath, *Amphitheatrum* 1609

auf unfehlbare Weise zu gebrauchen wissen – warum sollten sie diese dann nicht auch gebrauchen? O wie sehr ist es also zu wünschen, dass ein derartiges Licht aufscheint! Er ist zu wünschen im Hinblick auf Gott und in Hinblick auf die Menschen."

Göttliche Weisheit – Göttliche Natur beabsichtigt, die in den "Ikonentexten" enthaltene Weisheit vom Beginn des 17. Jahrhunderts bekannt zu machen. Auf höchst kunstvolle Weise drücken sie aus, dass es ein heiliger Akt ist, das Buch der Natur zu untersuchen und dass die Schöpfung selbst der Beweis göttlicher Weisheit ist. Lassen Sie mich Ihnen einen kleinen Vorgeschmack darauf geben, was Sie bei dieser Entdeckungsreise erfahren können: Wie Heinrich Khunrath in seinem *Amphitheatrum* erklärt, sind die Kupferstiche als Hilfe für den Sucher nach wahrer Weisheit gedacht. Der zweite runde Kupferstich "Erkenne Gott, erkenne dich selbst: der Prozess der Schöpfung" zum Bespiel zeigt uns, dass der Kreis für das göttliche Reich steht, als ein Symbol für nicht endende Vollkommenheit. Das menschliche Reich wird symbolisiert durch die geometrische Form des Dreiecks und des Vierecks, die teilbar sind. Die Botschaft des Kupferstichs ist, dass der Mensch - sobald er die göttlichen Gesetze und Gebote, die im Kreis eingraviert sind, befolgt - in der Lage sein wird, seine innere Gespaltenheit zu überwinden und sich mit dem Göttlichen zu vereinigen.

Michael Maier bezieht sich in Emblem XXI seines Werkes *Atalanta Fugiens* auf das gleiche Thema, indem er geometrische Figuren benutzt, um den Zusammenhang zwischen Mikrokosmos und Makrokosmos aufzuzeigen. Die Abbildung zeichnet buchstabengetreu das Motto: "Mache aus Mann und Frau einen Kreis, daraus ein Quadrat, aus diesem ein Dreieck, daraus einen Kreis und du hast den Stein der Weisen." Am Ende seines Kommentars betont Maier, dass die Bedeutung und das schließliche Ziel des alchemischen Prozesses in der Rückkehr zur Monade liegt, das heißt, zu Gott, in dem Ruhe und ewiger Friede herrschen. Maier stellt die Weisheit der Rosenkreuzer auf eine Ebene mit einem der ältesten alchemistischen Texte, den der *Tabula Smaragdina*, die Hermes zugeordnet wird. Mit ihr beginnt Maier seine Serie von Emblemen. Er bezieht sich dabei auch auf Plato, "diesen exzellentesten Philosophen, der der Meinung war, dass die Vorstellungen oder Ideen, die die Basis von Kunst und Wissenschaft sind, sozusagen dem menschlichen Geist eingraviert sind, und dass wir durch Wiederholung und Erinnerung jegliche Art des Lernens ausüben und verstehen können". In seinem *Silentium post clamores* schreibt Maier schließlich, dass für ihn die Geheimnisse der Natur von gleicher Art seien wie die, zu denen sich die Bruderschaft bekennt.

In einem Brief an seinen Freund Bonaventura Reihing rief Daniel Mögling 1617 aus: "Ich wünschte, die Welt wäre meine Schule, verschiedene Länder meine Lehrer, menschliches Handeln meine Bücher, der Gedankenaustausch mit anderen meine Buchstaben, Fürstenhöfe meine Hörsäle, und ich in alledem der Prüfstein." Er beteuerte, dass jegliches Verstehen der Schöpfung auf dem Verstehen Gottes basiere: "Dies nennt man die Pansophia Rhodostaurotica, sie ist des Menschen höchste Vollkommenheit in dieser Welt, in der alle Schätze verborgen sind." Der Kupferstich, der in diesem Vorwort abgebildet ist, betont die nahe Beziehung zwischen Mögling und Reihing. Er gehört zu dem *Sendschreiben* "An die Brüderschafft deß Hochlöblichen Ordens deß Rosencreutzes", abgedruckt in Möglings *Pandora sextae aetatis*. Der Autor des Sendschreibens, der sich einen Forscher der Medizin, Theosophie, Alchemie und Philosophie nennt, ist S.W.R.B., dessen Initialen Christoph Besold in seinem Exemplar folgendermassen auflöste: Bonaventura Reihing Württemb. Stuttgardianus. Der Kupferstich in Reihings *Sendschreiben* ist deutlich inspiriert durch Möglings "an den Begierigen nach Weisheit" gewidmeten *Speculum*. Der Satz unten im Kreuz "Hinc Sapientia" bedeutet "von hier kommt die Weisheit" und die Sprüche unter den beiden Gehilfen "Ich schwöre Schweigen" und "Ich hoffe auf die Zukunft".

In dem Werk *Geheime Figuren der Rosenkreuzer*, einem Kompendium von Texten und Bildern des 16. und 17. Jahrhunderts, finden wir ein wunderschönes Bild der Sophia, die unter anderem folgendes darstellt: Gottes Weisheit, die bereits vor der Schöpfung bestand, die Vermittlerin zwischen dem Menschlichen und dem Göttlichen, die Tinktur von Feuer und Licht und schließlich das Gefäß der göttlichen Vorstellungskraft. In den Begriffen "Licht der Gnade" (Lumen Gratiae) und "Licht der Natur" (Lumen Naturae), die um sie herum geschrieben sind, finden wir den Einfluss des revolutionären Philosophen Paracelsus, auf den in der *Fama Fraternitatis* mehrmals Bezug genommen wird, insbesondere auf seine Botschaft, dass Wissen und Offenbarung aus beiden Quellen kommen, aus beiden "Büchern" Gottes, dem der Heiligen Schrift und dem der Natur.

Stephan Michelspacher wies in dem dritten seiner einzigartigen Kupferstiche auf den aufsteigenden Aspekt hin, ein gebräuchliches Thema in den Texten, Bildern und Allegorien im Mittelalter. Darin liegt auch ein versteckter Hinweis auf die Jakobsleiter oder die Verbindung zwischen der irdischen und der himmlischen Welt, so wie es in den berühmten Worten der *Tabula Smaragdina* heißt "Wie unten so oben und wie oben so unten".

Robert Fludd beschreibt schließlich in seiner Abhandlung *De triplici animae* – die den Kupferstich enthält, der das Logo von *Göttliche Weisheit – Göttliche Natur* ist –, wie Gott sich durch die Anwendung dieses Wissens offenbart: "Der in Gott lebende Mensch kennt sich selbst, so als wäre er Gott und Gottes Wort. Er ist erfüllt von unaussprechlicher Freude und Glück, wenn er sich darin versenkt."

Fludd reicht uns hier den Schlüssel, mit dem wir am besten die Botschaft der Rosenkreuzer-Manifeste, wie sie auch in den sie begleitenden Kupferstichen des 17. Jahrhunderts ausgedrückt wird, verstehen können. Sich auf Hermes beziehend, rät er uns: "Glaubt an das, was ihr seht und hört auf das Wort Gottes in euch. Oh wie edel ist das Gemüt, das unter der Leitung wahrer Weisheit sich selbst mit geistigen Augen zu sehen vermag, verfeinert durch Leben und Licht. Auf diese Weise gibt Gott uns Glück, sodass wir mithilfe wahrer geistiger Mittel freudevoll zu ihm und in ihn zurückkehren können, von welchem wir ursprünglich gekommen sind."

Ich freue mich, an dieser Stelle ein herzliches Dankeschön auszusprechen für die Hilfe und Unterstützung durch Carlos Gilly, dessen grundlegende Arbeiten über die frühen Rosenkreuzer als Bibliothekar der BPH und Leiter des Ritman Forschungsinstituts uns stets bei der Gestaltung dieser Publikation begleitet haben. Auch jetzt stand er uns immer beratend zur Seite mit Hinweisen und neuen Früchten seiner unermüdlichen Forschungsarbeit.

Unser herzlicher Dank geht auch an Peter Forshaw, der sein Wissen und seine Leidenschaft für dieses Fachgebiet so freigiebig mit uns geteilt und das Projekt insgesamt "im Geiste von Fez" unterstützt hat. Er hat auch die Erklärung eines der bedeutendsten Bilder in die *Geheime Figuren*, des der "Sophia", zur Verfügung gestellt. Ein besonderes Dankeschön geht auch an Alinda van Ackooy für ihren kenntnisreichen Beitrag zu Stephan Michelspacher.

Cis van Heertum und José Bouman haben dieser Veröffentlichung von *Göttliche Weisheit – Göttliche Natur, Die Botschaft der Rosenkreuzer-Manifeste in der Bildsprache des 17. Jahrhunderts* durch ihre inspirierte Redaktion zu einem faszinierende und kohärente Einheit gebracht, wobei Rob Oosterwijk von Multimediation in Design und künstlerische Graphik die bedeutungsvolle visuelle Dimension Gestalt gegeben hat. Wir möchten schließlich ein herzliches Dankeschön äußern an Gunter Friedrich, Jutta Schmitt-Teiwes, Maria Squarra, Gabriele Weber-Hermey, Uwe Uhlendorff für die Übersetzung und das Lektorat dieser Deutschsprachigen Ausgabe *Göttliche Weisheit – Göttliche Natur*.

Vor allem jedoch danken wir dem Gründer der Bibliotheca Philosophica Hermetica, Joost R. Ritman, von Herzen, der mit seiner inspirierender Vision und großer Zielstrebigkeit die treibende Kraft hinter all der Arbeit ist, die von der Bibliothek, dem Forschungsinstitut und dem Verlag bereits so viele Jahre geleistet wird.

Esther Ritman
Direktorin und Bibliothekarin
Bibliotheca Philosophica Hermetica

Theologie, Theosophie und Pansophie

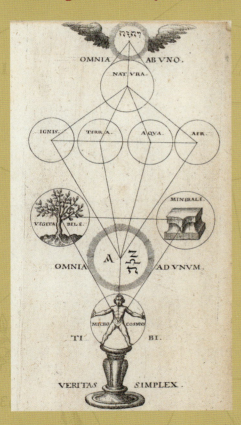

Von der Mitte des 16. bis in das 18. Jahrhundert hinein stellt die Theosophie den kühnen Versuch dar, den weltlichen Weg der Gotteserkenntnis zu gehen, den die Theologie vernachlässigt hat: den Weg der Erforschung der Natur, um zur Erkenntnis Gottes zu gelangen. Zugleich bedeutet Theosophie die Anwendung dieser Erkenntnis, um eine intimere Vision der Realität und damit neues Wissen über die Natur zu erhalten.

Nach Khunraths Auffassung verlaufen die göttlichen, spirituellen und natürlichen Prozesse parallel, und der Mensch, versinnbildlicht durch den Alchemisten-Theosophen, trägt seinen Teil zur Vervollkommnung der Natur bei. Er beschrieb die Rolle des Alchemisten als jemanden, der den Geist Gottes repräsentiert und als solcher am Prozess der Vergeistigung und Transmutation der Schöpfung mitarbeitet. Die alchemische Arbeit zeigt die Kraft des göttlichen Geistes: Der Alchemist veredelt Metalle (eine Parallele zur Heilung der Seele). Transmutation bedeutet den Übergang von dem, was unten ist, zu dem, was oben ist.

Daniël Mögling, einer der wichtigsten Dolmetscher der Botschaft der Rosenkreuzer-Manifeste, der sich auf den Menschen als Mikrokosmos bezieht, erläutert, dass der Mensch aus zwei Teilen zusammengesetzt ist, dem sichtbaren Körper (seiner menschliche Natur) und einem unsichtbaren Körper (seiner göttliche Natur). Indem man sich selbst erkennt, lernt man auch Gott zu erkennen. Dass der Mensch ein Mikrokosmos ist, ist das Geschenk Gottes an die Menschheit. Jedes Verständnis für die Schöpfung, so sagt er, gründet sich im Verständnis Gottes: "Dies nennt man die Pansophia Rhodostaurotica; es ist des Menschen höchste Perfektion in seiner Welt, in der alle Schätze verborgen sind".

Im Jahr 1683 beschreibt der in den Niederlanden tätige Friedrich Breckling in seiner *Pseudosophia Mundi* im Anschluss an Comenius sowie Andreae und vielen anderen die Pansophie als wahren Weg: "Denn die rechte Pansophische Weisheit ist ein inwendiges Licht von Gott, worin und durch wir aller Göttlicher und Natürlicher Dinge durchgründen können und also Gott in allen Dingen finden erkennen und beschauen lernen".

Teil I

Die Verkündung der Botschaft der Rosenkreuzer-Manifeste

Vor vier Jahrhunderten, im März 1614, erschien in Kassel ein kleiner Band, der drei Werke beinhaltete: die *Allgemeine und General Reformation, der gantzen weiten Welt. Beneben der Fama Fraternitatis, deß Löblichen Ordens des Rosenkreutzes, an alle gelehrte und Häupter Europae geschrieben. Auch einer kurtzen Responsion, von dem Herrn Haselmeyer gestellet.*

Die *Allgemeine und General Reformation* ist die Übersetzung eines Stücks aus *Ragguagli di Parnaso*, einer einflussreichen Satire von Traiano Boccalini (1556-1613); die *Fama Fraternitatis* erzählt die Geschichte eines legendären Helden, "Frater R. C.", der auf der Suche nach wundersamem Wissen den Orient bereiste und nach Deutschland zurückkehrte, um eine Bruderschaft zum Nutzen der Menschheit zu gründen; Adam Haslmayr (ca. 1560-1630) schließlich, der Autor der "Kurtze Responsion", war ein Anwalt der Bruderschaft und ein begeisterter Leser der *Fama Fraternitatis*, die als Manuskript im Umlauf gewesen war, bevor sie - ungenehmigt - erstmals 1614 veröffentlicht wurde. Haslmayr hatte tatsächlich eine *Antwort an die lobwürdigen Brüderschafft der Theosophen von RosenCreutz* verfasst, bevor die "Bruderschaft" gewissermaßen formal existierte: Seine Antwort wurde 1612 veröffentlicht, zwei Jahre bevor die *Fama Fraternitatis* ins Licht der Öffentlichkeit gebracht wurde.

Eine politische Satire, ein Märchen voller magischer Anspielungen und eine jubelnde Antwort: der Kern dieses dreiteiligen Buches ist aber die Abhandlung in der Mitte, die *Fama Fraternitatis*, der Ruf der Bruderschaft des Ehrenwerten Ordens des Rosenkreuzes, gerichtet an "die Häupter, Stände und Gelehrten" Europas. Die *Fama Fraternitatis* ist ein Aufruf zu nichts weniger als einer "allgemeinen Reformation" der Welt. Dieser Weckruf ging nicht unbeachtet vorüber – er entfesselte eine wahrhafte Flut von Antworten, hauptsächlich in Deutschland, aber auch in anderen Teilen Europas, sowohl für als auch gegen die Bruderschaft. Die Überschriften der Reaktionen enthielten Begriffe wie "Beurteilung", "Vorsicht", "Zweifel", "Prophetie", "Belehrung", "Erwägung" und "wunderbare Neuigkeiten", Worte also, die darauf hindeuten, dass die *Fama Fraternitatis,* unabhängig von den – wohlwollenden oder ablehnenden – Ansichten ihrer Leser, öffentliches Aufsehen erregte. Obwohl die *Fama* selbst anonym veröffentlicht worden war – als Produkt einer bis dato unbekannten Bruderschaft –, nannten viele der Antwortenden ihren Namen. Andere benutzten nur ihre Initialen, während einige ihre wahre Identität hinter fantasievollen Pseudonymen verbargen, wie zum Beispiel "Vito del capo dela bona speranza" (Vito vom Kap der Guten Hoffnung). Vor 1660 waren mehr als 700 Antworten in gedruckter Form (Pamphlete, Sendschreiben etc.) erschienen.

Einer der Schreiber, Gottlieb Hoffmann mit dem Pseudonym Theophilus Philaretes, war der Bruderschaft des Rosenkreuzes gewogen, jedoch skeptisch hinsichtlich des Verlaufs ihres Vorhabens; er führte in *Pyrrho Clidensis* (1616) aus:

Ich habe einige Befürchtungen hinsichtlich der Reformation der ganzen Welt, so wie Sie sie beabsichtigen; es ist ein Spiel mit hohem Einsatz. Nicht nur die Philosophen und Ärzte, sondern auch die Obrigkeit und die Theologen werden gegen Sie Sturm laufen. Jedoch versichere ich Ihnen, dass Sie einen guten Freund in mir haben.

Die Rosenkreuzer-Manifeste berührten nicht nur eine Saite, sie trafen einen Nerv. Die erste stark negative Reaktion kam von Mitgliedern der medizinischen Berufe, die in den Autoren

Antwort

An die lobwürdige Brüderschafft der Theosophē von RosenCreutz N. N. vom Adam Haselmayr Archiducalem Alumnum, Notarium seu Iudicem ordinarium Cæsareum, der zeyten zum heyligen Creutz Dörfflein bey Hall in Tyroll wohnende.

Ad Famam Fraternitatis Einfeltiglich geantwortet. Anno 1 6 1 2.

Gedruckt im Jar / Anno 6 1 2.

Haslmayr, Antwort 1614

Allgemeine vnd General **REFORMATION**, der gantzen weiten Welt.

Beneben der **FAMA FRATERNITATIS**, Deß Löblichen Ordens des Rosenkreutzes / an alle Gelehrte vnd Häupter Europæ geschrieben:

Auch einer kurtzen RESPONSION, von dem Herrn Haselmeyer gestellet / welcher deßwegen von den Jesuittern ist gefänglich eingezogen / vnd auff eine Galleren geschmiedet:

Itzo öffentlich in Druck verfertiget / vnd allen trewen Hertzen communiciret worden.

Gedruckt zu Cassel / durch Wilhelm Wessell /
Anno M. DC. XIV.

Fama 1614

der Rosenkreuzer-Manifeste gefährliche Experimentierer und Anhänger des Schweizer Medizinreformers Paracelsus (1493-1541) sahen. Dann kamen die Theologen, die in der Rosenkreuzer-Bruderschaft eine neue und potenziell gefährliche Sekte sahen, die die Religion weniger reformieren als "deformieren" wolle. Die nicht fassbare Bruderschaft wurde sogar vor Gericht zitiert. Obwohl die ersten Ausgaben der Rosenkreuzer-Manifeste vom Hofdrucker Wilhelm Wessel mit der ausdrücklichen Genehmigung von Landgraf Moritz von Hessen-Kassel (1575-1632) gedruckt worden waren, der auch bekannt war als "Maurice der Gelehrte" (seine intellektuelle Neugier erstreckte sich auf viele Wissen-schaften bis hin zur Alchemie), brachte derselbe Herrscher Anfang des Jahres 1620 in der Stadt Marburg das in Gang, was als erster Rosenkreuzer-Prozess bezeichnet werden kann. Einer der Angeklagten war Philipp Homagius, der Schwiegersohn des Druckers der Manifeste, ein begeisterter Anhänger von Paracelsus und der Rosenkreuzer-Bruderschaft. Homagius wurde zu lebenslanger Haft verurteilt, weil er sich weigerte, seine Meinung aufzugeben, dass die Rosenkreuzer die "wahren und höchst erleuchteten perfekten Christen" sind. Von den Ärzten war ihm Unzurechnungsfähigkeit attestiert worden. Homagius war nicht der Einzige, der die Behörden verärgerte. Ein gewisser Philipp Homburg wurde ungefähr zur gleichen Zeit einem Verhör unterzogen und gefragt, ob er auf der Frankfurter Buchmesse Bücher der Rosenkreuzer-Bruderschaft gekauft habe. Die ihn Vernehmenden wollten auch wissen, welchen Plan die Bruderschaft hat und welche Menschen man in ihr antrifft. Es gab offensichtlich Ängste hinsichtlich einer Untergrundbewegung von Rosenkreuzer-Aktivisten die, wenn auch nicht zur Machübernahme bereit, doch als gefährlich eingestuft wurden und überwacht werden müssten.

In Wirklichkeit gab es aber wenig zu überwachen oder "im Fleisch" zu unterdrücken. Die Rosenkreuzer-Bruderschaft sprach die Vorstellungskraft an, und wenn sie von Freund oder Feind aufgefordert wurde, sich zu zeigen, blieb sie unsichtbar und der Welt blieb nur die Spekulation. Die Aufregung, die sich von Deutschland aus in die gerade entstehende niederländische Republik, nach Frankreich, Schweden und England verbreitete, klang nicht so einfach ab. Das Wort "Rosenkreuzer" wurde unvermeidlich zum Synonym für alles, was die Orthodoxie verabscheute. Fünfzig Jahre später übersetzte Heinrich Ammersbach, ein höchst unorthodoxer evangelischer Pfarrer in Jena, die berühmten Worte von Johann Gerhard (1582-1637):

> Wer heutiges tages die Gottseligkeit fleissig treibt, und beydes auff die Wissenschaft und Ubing zielet, der muss alsobald ein Ketzer, Rosenkreuzer, Weigelianer, wie ich das meines Theils auch erfahren müssen ( ) O blindheit! Lernet zuvor, ihr Lästerer, was ein Weigelianer, Rosen-Creuzer, so werdet ihr anders urtheilen.

Valentin Weigel (1533-1588) war ein deutscher Theologe, der eine "innere Kirche" gegenüber der Orthodoxie, Weigelianern und Rosenkreuzern verteidigte. Weigelianer und Rosenkreuzer wurden als Gegner der etablierten Kirche pauschalisiert. Weitere Theologen, die von der Orthodoxie bezichtigt wurden, eine eigene Bewegung ins Leben gerufen zu haben, waren Caspar Schwenckfeld (um 1490-1561) und Johann Arndt (1555-1621), Autor der *Vier Bücher vom wahren Christentum*. Arndts Betonung einer mystischen Pietät war verdächtig, weil man fürchtete, er animiere die Menschen dazu, vom geraden Pfad der Lutherischen Orthodoxie abzuweichen.

Aufgrund dessen betrachtete Lucas Osiander (1571-1638), der 1620 zum Kanzler der Universität von Tübingen ernannt wurde, ihn als Gehilfen des Teufels ("inter diabolos ministros").

Marburg war der Schauplatz des ersten Rosenkreuzer Prozesses, Tübingen, noch heute eine lebendige Studentenstadt in Baden-Württemberg, ist jedoch der Ort, an dem die Rosenkreuzer-Manifeste sozusagen ihre Muttermilch bekamen. In Tübingen gründete Graf Eberhard (1445-1496) im Jahr 1477 eine Universität, die heute Eberhard Karls Universität genannt wird. Sie ist heute wie damals bekannt für ihre herausragenden Leistungen auf den Gebieten der Medizin, Naturwissenschaften und Geisteswissenschaften.

Eberhard im Bart

Geboren am 11. Dezember 1455, ist Graf Eberhard bekannt als "Eberhard im Bart", ein Beiname, den er erhielt, nachdem er während einer Pilgerreise nach Jerusalem im Jahr 1468 im jugendlichen Alter von 13 Jahren (dementsprechend noch ohne Bart) versprochen hatte, sich niemals zu rasieren. Zeitgenössische Porträts des erwachsenen Eberhard zeigen, dass er zu seinem Wort stand. Er war ein sehr erfolgreicher Regent, der von den Adligen seines Landes 1495 in den Stand des ersten Herzogs von Württemberg erhoben wurde. Er investierte ebenfalls in die Künste (er verfügte zum Beispiel, dass klassische lateinische Texte ins Deutsche übersetzt wurden) und gründete eine Universität in Tübingen. In den Tagen vor der Reformation musste die Genehmigung zu einer Universitätsgründung von Rom eingeholt werden. So wurde der Abt eines Benediktinerklosters bei Tübingen, Heinrich Fabri, über die Alpen geschickt, um zunächst die Kardinäle und dann auch den Papst, Sixtus VI., zu überzeugen, die Erlaubnis für die Errichtung einer Universität in der schwäbischen Stadt zu erteilen. Fabri reiste nicht allein: er nahm 50.000 Gulden mit. Vieles spricht dafür, dass es auch transalpine Familienbeziehungen waren, die dabei halfen, die Dinge voranzubringen. Die Gonzagas gehörten zu den mächtigsten italienischen Familien und einer von Barbaras Brüdern, Francesco, war ein Kardinal. Das wird zu dem Erfolg von Fabris Mission beigetragen haben. Die angesehene Braut sorgte nicht nur für freie Bahn für Eberhard in Italien, sondern die Vereinigung zwischen den beiden führte in gewisser Weise auch die Renaissance-Kultur in Württemberg ein. Marsilio Ficino (1433-1499), Inbegriff des italienischen Neuplatonikers, schrieb Eberhard einen Brief, in dem er ihm zu seinen Errungenschaften gratulierte: der großzügigen Gründung von Akademien zur Förderung von Kunst und Wissenschaft und dazu, dass seine Untertanen ihn nicht fürchteten, sondern liebten. Ficino widmete Eberhard sein Werk *De comparatione solis ad Deum* (Über den Vergleich zwischen Sonne und Gott). Er übersandte ihm ein wunderschönes Manuskript dieses Werkes, das später (1546) in Tübingen auch, mit derselben Widmung, gedruckt wurde. Das erste Blatt dieses Manuskriptes, das sich nun in der Württembergischen Landesbibliothek in Stuttgart befindet, enthält Eberhards persönliches Motto "Attempto" (ich wag's).

Humanismus und der Drang nach religiösen Reformen gingen Hand in Hand. Im Jahr der Universitätsgründung lud Eberhard auch die Brüder vom Gemeinsamen Leben ein, sich in Württemberg niederzulassen. Deren Leiter in den deutschen Landen, Gabriel Biel (ca. 1410-1490), wurde der erste Theologieprofessor, der die Prinzipien seiner Gemeinschaft an der neuen Universität Tübingen lehrte. Auch als Devotio Moderna bekannt, betonte diese ursprünglich holländische religiöse Reformbewegung die Wichtigkeit eines tiefgründigen persönlichen religiösen Fühlens und bekämpfte die Kräfte der hierarchischen Kirche, die das religiöse Leben zu einer Angelegenheit von Äußerlichkeiten machten. In diesem Kampf waren sie nicht allein: Paracelsus sprach einmal abfällig über die "Mauerkirche", mit der er besonders die korrupte und institutionalisierte Kirche von Rom kritisieren wollte. Aber die "Mauerkirche" war kein "Vorrecht" der Katholiken. Mehr als ein

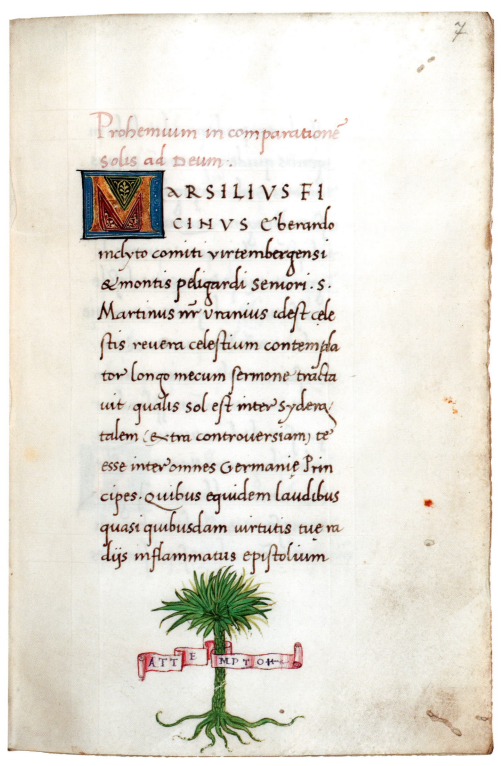

Prohemium in comparatione solis ad Deum.

MARSILIVS FICINVS Eberardo inclyto comiti virtembergensi & montis peligardi seniori. S. Martinus nr vranius idest celestis reuera celestium contemplator longo mecum sermone tractauit qualis sol est inter sydera, talem (extra controuersiam) te esse inter omnes Germaniæ Principes. Quibus equidem laudibus quasi quibusdam virtutis tue radijs inflammatus epistolium

Ficino, *De comparatione solis ad Deum* 1492

Jahrhundert später ermahnte der fromme Lutheraner und Mystiker Jakob Böhme (1575-1624), ein Zeitgenosse der Rosenkreuzer, in seiner *Christosophia* und in *Der Weg zu Christo* immer noch zu einem verinnerlichten religiösen Leben:

> Daher sind wir gefesselt durch die Geschichten, durch die Mauerkirchen, die an sich gut wären, wenn sie nur auch den Tempel Christi enthielten. Was hilft es mir, eine Mauerkirche zu betreten und meine Ohren mit nichtssagender Öde zu füllen oder am Mahl des Herrn teilzunehmen und nur meinen irdischen Mund zu füllen, der doch sterblich und korrupt ist?

Im Jahr 1492 beschenkte Eberhard das Stift St. Peter, ein Kloster der Brüder vom Gemeinsamen Leben bei Tübingen, mit Ländereien und anderen Besitztümern. Hier findet er auch seine letzte Ruhestätte; seine Frau Barbara, die ihn nur ein paar Jahre überlebte, wurde nicht neben ihm bestattet. Aus der Ehe gingen keine Nachkommen hervor; ihre einzige Tochter, ebenfalls Barbara genannt, starb in der Kindheit. Das Leben von Barbara, der ersten Herzogin von Württemberg, wurde bald von Legenden umrankt, die von ihrer Liebe zur Natur und ihrer Philanthropie inspiriert waren. Die Legenden um Eberhard sind noch weiterreichend; sie erlangten im patriotischen neunzehnten Jahrhundert einen Höhepunkt, als der Dichter Justinus Kerner Eberhard als "Württembergs geliebten Herrscher" pries. Während eines imaginären Treffens zwischen mehreren deutschen Fürsten, von denen jeder sich des Reichtums in seinem Herrschaftsgebiet rühmt, weist Eberhard auf den größten Schatz seines Landes hin:

> Mein Land hat kleine Städte,
> Trägt nicht Berge silberschwer;
> Doch ein Kleinod hälts verborgen:
> Daß in Wäldern, noch so groß,
> Ich mein Haupt kann kühnlich legen
> Jedem Untertan in Schoß.

Er war ein Herrscher, der sich die Loyalität seiner Untertanen erworben hatte, weil er sich um sie kümmerte, wie das Gedicht, 1818 geschrieben, indirekt zum Ausdruck bringt. Und doch gilt das nicht für alle: Im Jahr der Gründung der Universität Tübingen befahl Eberhard, alle Juden aus Württemberg auszuweisen. Auch flaute sein Anti-Judaismus, der dem entsprach, der zu jener Zeit in ganz Deutschland herrschte, nicht ab: Eberhards Testament vom 26. Dezember 1492/22. März 1496 auferlegt seinen Erben, dass es Juden nicht erlaubt werden dürfe, sich in seinen Ländern niederzulassen oder Geschäfte zu betreiben. Interessanterweise stellte Eberhard aber einen Mann in seine Dienste ein, der ein paar Jahrzehnte später der Hauptverteidiger des jüdischen Volkes werden sollte: den Humanisten und Gelehrten für die hebräische Sprache Johannes Reuchlin (1455-1522). Er und Eberhard reisten im Jahr 1482 nach Italien, wo Reuchlin als Übersetzer für Eberhard auftrat. In Florenz wurden die beiden Lorenzo de' Medici vorgestellt, der ihnen seinen Palast zeigte. Später zählte Reuchlin die Humanisten auf, die Lorenzo an seinem Hof versammelt hatte: Demetrios Chalkondyles, Marsilio Ficino, Giorgio Vespucci, Cristoforo Landino, Lorenzo Valla, Angelo Poliziano, Giovanni Pico della Mirandola "und all die anderen Gelehrten der Welt". Tübingen, "jenseits der Alpen", sollte aber selbst große Gelehrte anziehen.

Hilfe beim Graben nach der Quelle des Lebens: die Universität von Tübingen

> helffen zu graben den brunnen des lebens, darus von allen enden der weltt unersichlich geschöpfft mag werden trostlich und hailsam wyssheit ...

Das sind die einführenden Worte, mit denen Eberhard im Bart die Universität Tübingen gründete und ihr Privilegien verlieh. Sie öffnete ihre Pforten im Oktober 1477 mit einer Lehrkapazität von vierzehn Dozenten: drei Theologieprofessoren, drei Professoren für kanonisches Recht, zwei Professoren für weltliches Recht, zwei Medizinprofessoren und vier Lehrkräfte für die freien Künste. Im Frühjahr des folgenden Jahres waren alle Stellen besetzt. Erster Rektor der Universität war der Humanist Johann Vergenhans (1425-1510), einer von Eberhards vertrauten Ratgebern und Mentor von Johannes Reuchlin, der sich am 9. Dezember 1481 an der Universität Tübingen einschrieb. Wie bereits erwähnt, war Tübingen nicht nur eine Universität mit dem Renaissance-Ideal, universelles Wissen zu vermitteln, sie war auch eine der Universitäten in Deutschland, an denen die Devotio Moderna-Bewegung sich entwickeln durfte und mit ihr der Versuch, Theologie mit persönlicher Glaubenserfahrung und praktischer Pietät zu vereinen. Das bedeutete jedoch nicht, dass die Stadt und ihr damaliger Herrscher bereit waren, Luthers Botschaft mit offenem Herzen aufzunehmen, als er 1517 seine 95 Thesen in Wittenberg bekannt machte: Tübingen wurde erst 1534 für die Reformation gewonnen, doch von da an war es eine lutherische Bastion. Um die Sache der Reformation weiter zu fördern, berief man eine Reihe hervorragender Gelehrter an die Universität, unter ihnen den Theologen Paul Phrygio (1483-1543), den Arzt und Botaniker Leonhard Fuchs (1501-1566) und den Gelehrten der Klassik Joachim Camerarius (1500-1574). Im Jahr 1601 stellte Herzog Friedrich I. von Württemberg, derselbe Herrscher, der an den chiliastischen Erwartungen interessiert war und an den Tobias Hess ein Entschuldigungsschreiben adressierte, wie wir noch sehen werden, ein Regelwerk für die Universität auf, eine "Ordination" von 35 Kapiteln, wonach jeder, der an der Universität Tübingen unterrichten wollte, verpflichtet war, die Konkordienformel, die lutherische Bekenntnisschrift, die von Johann Valentin Andreaes Großvater Jakob Andreae 1577 mitverfasst wurde, zu unterschreiben.

Die Universität Tübingen und das dazu gehörige Tübinger Stift, das ursprünglich als Augustinerkloster gegründet worden, jedoch nach der Reformation in ein lutherisches Seminar umbenannt worden war, brachten außergewöhnliche Gelehrte hervor, wie den Astronomen Michael Maestlin (1550-1631), der in Tübingen sowohl Johannes Kepler (1571-1630) als auch Wilhelm Schickard (1592-1635) unterrichtete, und den Juristen Christoph Besold (1577-1635), einen engen Freund Johann Valentin Andreaes (1586-1654), der die Rosenkreuzer-Manifeste verfasste. Obwohl Schickard und Besold zum "akademischen Establishment" gehörten - Schickard lehrte Hebräisch, Mathematik und Astronomie und Besold unterrichtete Jura –, gehörten sie zugleich einem Kreis an, der dem damaligen Zustand des Kirchenwesen, der Politik, Wissenschaft, und Gesellschaft kritisch gegenüberstand. Den mehr orthodoxen Städtern zum Beispiel war Schickard als jemand bekannt, der "sich verdächtig gemacht hatte, zu [der Gefolgschaft] der Arndtianer oder Weigelianer" zu gehören, und Besold hatte "sich offen als Anhänger der Rosenkreuzer und Weigelianer bekannt". Diese vielschichtige Subkultur gab es auch noch zehn Jahre nach Veröffentlichung der Rosenkreuzer-Manifeste in Tübingen; sie war aus dem Kreis um Tobias Hess (1558-1614) hervorgegangen. Für die Mitglieder dieses Kreises war die Quelle des Lebens die göttliche Weisheit; diese hofften sie in der Natur sowohl im Makrokosmos als auch im Mikrokosmos zu entdecken.

Der Stern von Tübingen: Tobias Hess

Die große, inspirierende Kraft hinter den Rosenkreuzer-Manifesten war Tobias Hess, der am 31. Januar 1568 in Nürnberg als Sohn von Magdalena und Johann Hess geboren worden war. Entsprechend dem Wunsch seines Vaters schrieb er sich 1583 an der Universität von Altdorf ein, um Jura zu studieren. Fünf Jahre später ging er nach Tübingen, wo er am 10. Mai 1592 den Doktortitel für kirchliches und weltliches Recht erwarb. Johann Valentin Andreae verfasste zur Erinnerung an seinen verehrten Freund *Tobiae Hessi, viri incomparabilis, Immortalitas*, 1614 einen glanzvollen Nachruf, der jedoch erst 1619 veröffentlicht wurde. Darin heißt es, Hess habe während seiner Zeit an der Universität

> ... eine ganz ungewöhnliche Beherrschung des Lateinischen, Griechischen und des Hebräischen erlangt; auch die ganze Philosophie hatte er nicht wie gewöhnlich nur überflogen, sondern sie geradezu einverleibt, und ähnlich verfuhr er mit der Dichtkunst und der Geschichte; darüber hinaus hatte er sich sehr oft bei Handwerkern verdingt und es in der Mechanik zu solcher Kunstfertigkeit gebracht, dass ihm nur wenige gleichrangig, zahllose aber unterlegen waren. Ob es sich um Fragen der Mathematik, der Naturphilosophie oder der Geschichte handelte: er hatte die Antworten parat, sie flossen ihm buchstäblich aus dem Munde.

Aber Hess war damit nicht zufrieden. Er sagte seinem jungen Freund Andreae: "Ich habe keine Nahrung gefunden für den Geist und die Seele". Nachdem er eine Weile als Anwalt in Speyer und in Tübingen tätig gewesen war, beschloss Hess, sich dem Studium der Medizin und Botanik zu widmen, um im "Buch der Natur" zu lesen – "Librum Dei magnum", dem großen Buch Gottes. Intensiv befasste er sich auch mit dem Werk von Paracelsus. Er tat dies so sehr, dass sein Ruf als Paracelsianer sich in Tübingen und ganz Deutschland verbreitete. Am Schluss von Oswald Crolls einflussreicher Erklärung der Paracelsischen Lehren in *Basilica Chymica* (1609), einem sehr populären Werk, das mehrmals neu aufgelegt wurde, wird Hess als jemand gefeiert, der "den quälenden Paragraphen der unbeugsamen Rechtswissenschaft den Rücken gekehrt hat, um in der Lage zu sein, sich nun Deinem Werk, oh König Paracelsus, zu weihen" (Ille prius rigidi perplexa volumina iuris, Nunc Opus evolvit, Rex Paracelse, tuum).

Tatsächlich muss Johann Valentin Andreae selbst Zeuge gewesen sein, wie sehr Hess der Praxis der Alchemie zugewandt war. Andreaes Vater und Hess hatten Experimente in Andreaes eigenem Elternhaus durchgeführt. Viele alchemistische Rezepte, die die Namen von Magister Johannes Andreae und Tobias Hess tragen, sind erhalten geblieben. Sie enden alle mit einer Verneigung vor dem "unsterblichen Chymisten Jesus Christ, dem Gekreuzigten und Auferstandenen, der eins ist mit dem Vater und dem Heiligen Geist, dem unsterbliche Ehre und ewige Glorie sei für diese wunderbaren Werke, für immer und ewig. Amen, Amen, Amen". (Immortali Spagyro Christo Jesu crucifixo et resuscitato, in unitate Patris et spiritus Sancti pro hisce magnalibus sit honor immortalis et perennis gloria in secula seculorum amen amen amen).

Nicht jeder lobte jedoch Tobias Hess. Zwischen 1599 und 1609 beschwerten sich wiederholt die Galenisten, die wir heutzutage die "normalen Ärzte" nennen würden, über den Anhänger des gottlosen Paracelsus Tobias Hess, "der sogar in seinem Haus Vorlesungen über Hohenheims Werke hält". Und dann kam noch hinzu, dass Hess ein Chiliast war und an das kommende "tertio seculo" oder Goldene Zeitalter des Heiligen

Geistes glaubte, das zur Wiederkehr Christi führen würde. Seine chiliastischen Neigungen blieben der Theologischen Fakultät nicht verborgen und Hess wurde zwei Mal wegen der Verbreitung solcher Ansichten verhört. Seit der Zeit, als er als junger Mann eine Vision über den Untergang der Römisch-Katholischen Kirche hatte, besaß er eine "apokalyptische Neigung". In einem Brief an Herzog Friedrich von Württemberg, den er schrieb, als er 1605 von der Theologischen Fakultät angegriffen wurde, legte er seine Vision dar:

> Der Löwe rückte ganz nah an meinem Rücken heran, drückte mir die Feder in die Hand und drängte mich, alles niederzuschreiben, was ich während der Vision vernahm. Als ich noch ein junger Mann war, erschien mir eben dieser Löwe, von einer großen Menge von frohlockenden und Palmzweige schwingenden Begleitern umgeben, wobei dessen Anblick allein genügte, um erneut die Erinnerung an den verlorengegangenen heiligen Zustand wachzurufen. Dieser Löwe nun sprach unter furchtbarem Brüllen und erklärte mir die Gründe seines Auftretens: Dass er nämlich als Retter von seinem Volk, das bis in das gegenwärtige Alter Tag und Nacht Wache gestanden habe, zu kämpfen gekommen sei, um das Gericht durchzuführen. So sprach der Löwe, und während er noch redete, fing darüber plötzlich die Erde an, sich zu bewegen, sodass sie in ihren Grundfesten erschüttert wurde. Ich war wie erstarrt und wagte es nicht, ja nicht einmal, den Mund aufzumachen. Aus seinem Rachen, wenn ich es sagen darf, strömten feurige Funken und Sturmwinde, sodass die Tiere der Luft emporflatterten und mit ihrem Flattern alles, was ihnen entgegen kam, in dicken Rauch und Staub verwandelten. Sogar der Adler [Schrecken und zugleich Zierde der Welt], der schon viele Widrigkeiten der Zeiten überwunden hatte, wurde aufgescheucht, sodass er verwundet wurde und allmählich seine Federn verlor; so lag die Babylonische Hure rücklings und entblößt darnieder [o brüllender Schlund], sich schmachvoll auf der Erde wälzend vor den Augen der vielen sie umgebenden Völker und Nationen, die früher ihre Macht gefürchtet hatten, als sie noch die Alleinherrscherin der ganzen Welt gewesen war.

Hess hatte dem Herzog auch über zahlreiche Zeichen und Wunder geschrieben, die am Himmel erschienen und große Dinge ankündigten. In den Worten von Johann Valentin Andreae war Hess einer der Menschen, die "nicht auf dieser Erde mit den vielerlei Zeichen, die Gott uns gibt, als Blinde wandern, sondern die wissen, warum diese Zeichen geschehen und was sie bedeuten, im Gegensatz zu den Ignoranten, die diese als sinnlos und zufällig betrachten". Hess' chiliastische Erwartungen werden in Kapitel 6 der *Confessio Fraternitatis* wiedergegeben: "Uns werden ebenfalls unsere Schätze unangetastet überlassen bleiben, bis der Löwe sich erheben, sie nach seinem Recht für sich zurückfordern und an sich nehmen und sie zur Fortdauer seines Reiches anwenden wird." Die *Fama Fraternitatis* gibt ebenfalls der Hoffnung Ausdruck, dass es in Europa einen einschneidenden Wechsel geben wird: "Europa geht schwanger und wird ein starkes Kind gebären, das das Geschenk eines starken Paten nötig haben wird". Dennoch ging es Hess an erster Stelle um eine spirituelle Revolution, eine *Innovatio orbis*, wie er es in seinem Brief an Herzog Friedrich von Württemberg nannte.

Am Ende, so schrieb Andreae in seiner Biographie über Hess, verließen sogar einige der früheren Freunde Hess, weil sie nicht "in das Gespött, das dieses unschuldige Herz ertragen musste, hinein gezogen werden" wollten. Gegen Ende seines Lebens war Hess die Zielscheibe von "höhnischen Anschuldigungen" geworden und wurde als "abergläubig, mönchisch, exzentrisch, fantastisch" abgewiesen; andere "Lügner" nannten ihn, wie

Rubus Mosaicus, ex certis annis mundi septem, in quibus ignei trigoni septem iuxta Naometricæ catanonem à rerum universarum creatione sunt exorti, constitutus, ex quorum numero septenario immutatio huius seculi ter orbem terrarum facilè cognoscitur.

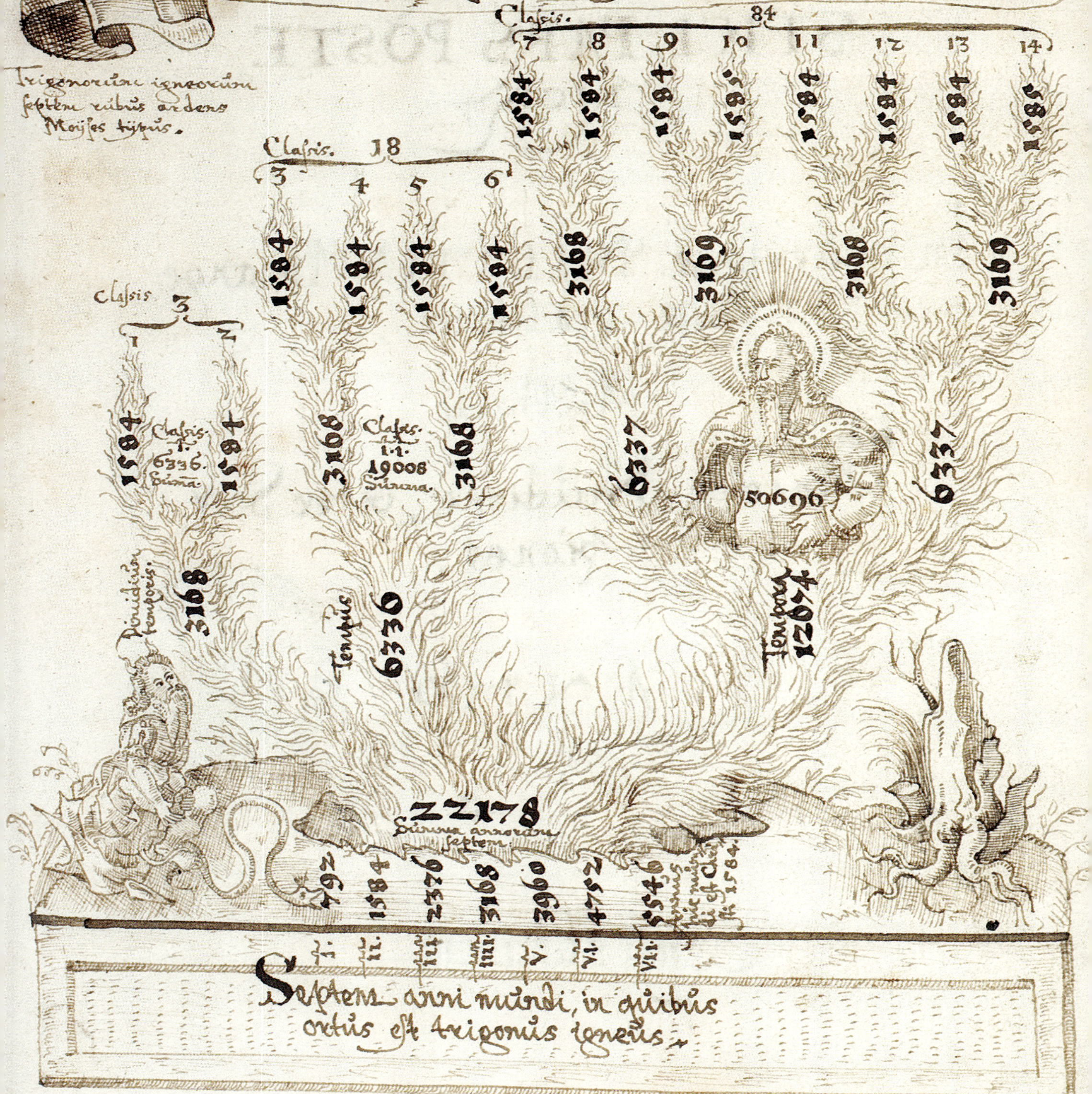

Trigonorum ignoorum septem rubus ardens Moises typus.

Classis 84
7 8 9 10 11 12 13 14
1584 1584 1584 1585 1584 1584 1584 1585

Classis 18
3 4 5 6
1584 1584 1584 1584   3168 3169 3168 3169

Classis 3
1 2
1584 1584

Classis 1. 6336. Summa

Classis 1.1. 19008 Summa

3168   3168   3168   6337   6337

Antediluvii tempore 3168

Tempus 6336   Tempus 12674

50696

22178 Summa annorum septem

792 1584 2376 3168 3960 4752 5546 ... hic numerus est Christi A. 1584.

I. II. III. IIII. V. VI. VII.

Septem anni mundi, in quibus ortus est trigonus igneus.

Andreae ausführt, Prinz von Utopia, Traumdeuter, Pseudo-Prophet. Seine Freunde, die wie Brüder zu ihm standen, wurden verflucht und verspottet als Verein der Phantasten, als geheimer Bund von Intriganten und dunkle Gesellschaft von Verschwörern.

Zu diesem "Verein der Phantasten", der Freunde von Tobias Hess, gehörte zunächst Simon Studion (1543-1605), der Mann, der *Naometria* ("Die Vermessung des Tempels") schrieb, ein Buch mystischer und prophetischer Berechnungen auf der Basis der Bibel, das Hess begeistert studierte (daher die höhnische Bezeichnung "Pseudo-Prophet"). Studion prophezeite, dass der Papst 1612 durch Herzog Friedrich gestürzt werden würde, denselben Prinzen, dem Hess seine Jugendvision über das Ende des Papsttums erzählte. Um 1608 hatte sich in Tübingen ein Freundeskreis gebildet, der aus Tobias Hess, Abraham Hölzel, einem österreichischen Adligen, der in Tübingen religiöse Zuflucht gefunden hatte, Pastor Johann Vischer und Andreaes jüngerem Bruder Johann Ludwig bestand. Andreae nannte die Gruppe einen "intimum amoris foedus", einen Bund der Liebe. Für ihn war diese "societas" die Blaupause für die utopischen Gemeinschaften, die er später entwerfen sollte (von denen sein *Christianopolis* sicher die bekannteste ist). Unter den Freunden, die Tobias Hess bis zum Ende loyal blieben, waren auch der Mathematiker Wilhelm Schickard, der Alchemist Christoph Welling, die Ärzte Samuel Hafenreffer und Anton Frey sowie Wilhelm Bidenbach, der die Erzählung aus Boccalinis *Ragguagli di Parnaso* übersetzt hatte, die bei der ersten Ausgabe der *Fama Fraternitatis* mit abgedruckt war. Ein anderer enger Freund von Hess und Andreae war Christoph Besold, Juraprofessor und begeisterter Büchersammler, der später Hess' Bibliothek erbte. Besold hatte anfänglich auch an die Wahrheit der Prophezeiungen geglaubt. Im Oktober 1614 verhöhnte er jedoch in der Ansprache zum Ende seiner Amtszeit als Rektor der Universität von Tübingen "die unverständlichen Berechnungen der Naometrianer, der platonischen Zahlen von Ficino, die Wunder neuer Sterne oder die Machtausübungen planetarer Engel und anderer magischer Zeichen nach den Lehren von Trithemius und der Kabbalisten". Dabei haben sich sicherlich sich unter den Zuhörern auch solche befunden, die sehr wohl wussten, dass Besold nach wie vor eng mit einigen der "Naometrianern" und "Kabbalisten" befreundet war, die er in seiner Ansprache so hochmütig nieder machte! Heutzutage wird dieser bemerkenswerte Freund von Hess und Andreae nicht länger als einer der Autoren der Rosenkreuzer-Manifeste betrachtet. Allerdings muss er besser über den Ursprung und die Autorenschaft der Manifeste informiert gewesen sein, als er zugab bei der Notiz auf seinem Exemplar der *Fama Fraternitatis*: "Autorem suspicor J.V.A.": Ich vermute, dass Johann Valentin Andreae der Autor ist.

Die Entstehung der Rosenkreuzer-Manifeste

Im Jahr 1604 zeigte sich eine Supernova im Sternbild Serpentarius. Sie wurde nicht weit entfernt von den drei Planeten Mars, Jupiter and Saturn entdeckt, die zu diesem Zeitpunkt eine Konjunktion bildeten, bekannt als das feurige Trigonum, ein himmlisches Phänomen, das große Dinge ankündigte. Kometen, Sterne und Konjunktionen wurden als Omen für Gutes oder Böses angesehen. Deshalb bezieht sich die *Confessio Fraternitatis* auf die Supernova von 1604 als ein wunderbares, von Gott gesandtes Zeichen:

> Aber mit Bezug auf seinen Willen hat Gott bereits Boten vorausgesandt,
> Sterne, die in Serpentarius und Cygnus erschienen sind, um als wahrlich große Zeichen
> Seines mächtigen Ratschlusses uns lehren zu können, wie sehr Er, wenn erst alles

Chi vuol andar salvo per lo Mondo, bisogna
aver occio di falcone, orecchio d'Asino, viso
di Scimia, bocca di porcello, spalle di Came-
lo, e gambe di Cervo.

Omnia ab Uno, ad Unum.
1 6 0 6

Haec Benevolentiae Ergo
TUBINGAE
Scripsit Abraham Hölzel
Anno 6. Januar. Aij ut supra.

A palabras locas, orejas sordas.

Toure et faict, par mer et par terre.

In paio d'orecchie seccheresbon
cento lingue.

Silentio tuta hactenus Mysteria.

Οὐκ ἔστι κρεῖττον τοῦ σωτῆρος ὅδε ἐν.
Psalm. 62.

Meinen Vater ist Still zu Gott, der mir hilft.

Ita lusi in gratiam lite-
ratissimi Dñi Possessoris.
Tubingae Anno IVDICVM.
Joann: Valentinus
Andreæ.
5. Octobr.

Eintragung von Andreae und Hölzel in: *Stammbuch Samuel Stephani* 1606-1627

Wo liegt der Ursprung des Namens "Rosenkreuz"?

Christoph Besold war der Erste, der den Namen Rosenkreuz dem Familienwappen von Johann Valentin Andreae zuordnete, das aus einem Andreaskreuz mit vier Rosen besteht (das Wappen kommt in der Chymischen Hochzeit in der Form von vier Rosen auf Christian Rosenkreuz' Hut und einem roten Band, das kreuzweise über seine Schultern gebunden ist, vor). Besold notierte diese Ähnlichkeit 1624 in seinem Exemplar der *Fama*. Dadurch deutete er auf Andreae als den "mutmaßlichen" Autor der *Fama* in und verwischte so seine eigene Mitwirkung. Rose und Kreuz sind jedoch auch Symbole, die mit Luther in Zusammenhang gebracht werden: Die sogenannte Luther-Rose ist eine einzelne weiße Rose mit einem roten Herzen in der Mitte, in der ein Kreuz dargestellt ist. Das dazugehörige Motto hat Luther wahrscheinlich selbst verfasst: "Des Christen Herz auf Rosen geht, wenn's mitten unterm Kreuze steht." Zweifellos hat dieses wohlbekannte Symbol in den Autoren der Manifeste nachgeklungen.

zusammengefügt sein wird, was von der menschlichen Scharfsinnigkeit entdeckt wurde, dieses Seiner verborgenen Gesetzeslehre nutzbar machen wird.

Nicht jedermann war allerdings davon überzeugt, dass Konjunktionen und andere himmlische Phänomene bedeutsame gute oder schlechte Ereignisse ankündigten. Am Ende des fünfzehnten Jahrhunders verfasste der Renaissancephilosoph Giovanni Pico della Mirandola (1463-1494) einen Angriff auf die Astrologie. Er behauptete, dass es niemals irgendwelche großen oder kleinen Veränderungen gegeben habe, denen keine Konjunktion oder ähnliches vorausgegangen sei – es gebe hier keine Ursache und Wirkung, es sei einfach Koinzidenz. Anders sehen es die Rosenkreuzer-Manifeste: Das Jahr 1604, in welchem auch das Grab des legendären Gründers der Bruderschaft, Christian Rosencreutz, gefunden und geöffnet wurde, wie die *Fama Fraternitatis* berichtet, war ein Jahr von großer Bedeutung wegen der großen Konjunktion der drei Planeten und dem Auftreten der Supernova. Das Jahr 1604 und die Zeichen am Himmel werden in der *Fama* und der *Confessio Fraternitatis* zwar betont, doch knüpft die Geschichte von Christian Rosencreutz und seiner mysteriösen, unsichtbaren Bruderschaft, die zum Wohle der Menschheit arbeitet und die die Leser in ihren Bann zog, an eine Reihe von Traditionen und Strömungen an:

Die hermetische Tradition

Hermes Trismegistus wird in den Rosenkreuzer-Manifesten nur ein einziges Mal genannt, und zwar in der *Chymischen Hochzeit* von 1616, am 4. Tag auf der von einem Löwen bei einem Brunnen gehaltenen Tafel, worauf geschrieben steht:

> Hermes, der Fürst: Nach so vielem, dem menschlichen Geschlecht zugefügten Schaden, nach göttlichem Ratschluss und durch Beistand der Kunst bin ich zur heilsamen Arznei geworden und fließe aus diesen Brunnen: Trinke aus mir, wer kann; wasche sich, wer mag; trübe mich, wer es wagt. Trinkt, Brüder, und lebet.

Und dann folgt im Kryptograf die Ziffer 1378, das in der *Confessio Fraternitatis* angegebene Geburtsjahr von Christian Rosenkreutz. Damit ist durch die Inschrift ein Vergleich gezogen: Rosenkreutz tritt an die Stelle des Hermes in ähnlicher Weise, wie Paracelsus Jahrzehnte nach seinem Tod zum deutschen Hermes, dem Trismegistus Germanus, gemacht worden ist. Diese Art von "traditio lampadis" oder Fackelübergabe über die Jahrhunderte hinweg wurde 1618 von Christoph Hirsch, einem Vertrauten von Johann Arndt, in seinem *Pegasus Firmamenti sive Introductio brevis in Veterum Sapientiam* aufgegriffen und weitergeführt, indem er die drei bedeutendsten Interpreten der Natur darstellte. Der erste ist der Ägypter Hermes Trismegistus, Vater der Philosophen genannt, der wegen seiner wunderbaren Naturkenntnisse als der Dreimalgroße in seiner Heimat galt und in dessen königlicher Schule der junge Moses alles von ihm lernte. Der zweite rechte Interpret der Natur ist der Deutsche Paracelsus, "der, obwohl kein Mitglied Eurer Fraternität R.C. geworden ist, so hat er dennoch sowohl in seinem Wappen wie auch in seinen Schriften sehr präzise Weissagungen der Bruderschaft hinterlassen. Das Wappen zeigt acht Kreuze mit Rosen, wodurch stillschweigend die acht ersten Mitglieder Eures Collegii oder Gebäude Sancti Spiritus gemeint zu sein

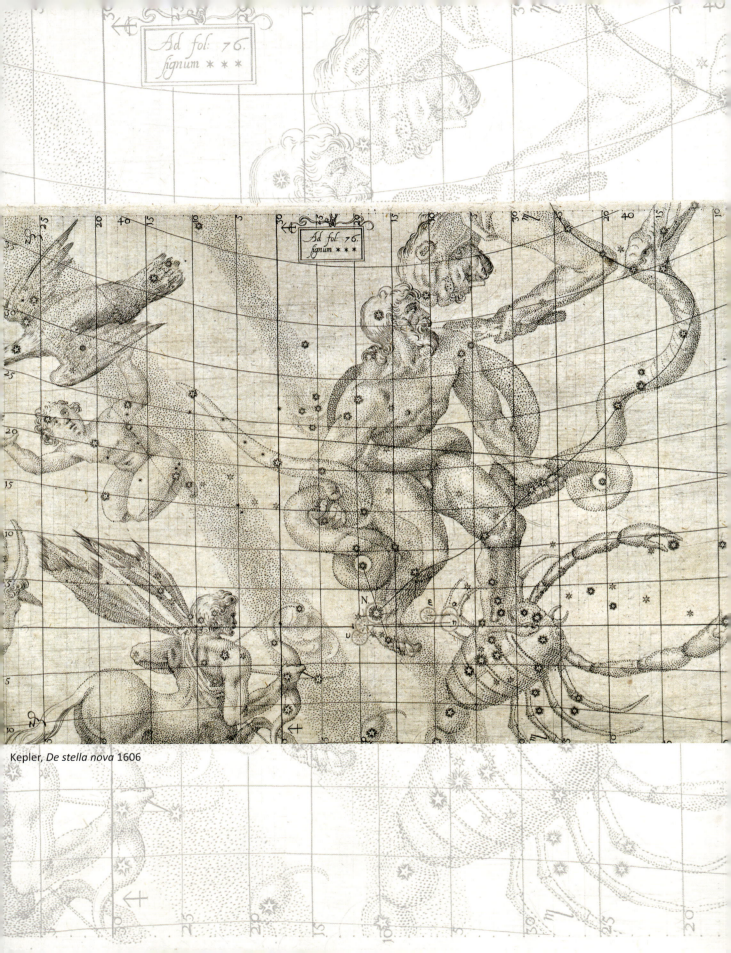

Kepler, *De stella nova* 1606

scheinen". Als dritter "genuinus Naturae Libri interpres" kommt laut Hirsch "eigentlich nur Euer Vater" [Christian Rosenkreuz] (im Druck steht irrtümlich "Basilius Valentinus"), auch deutscher Abstammung, in Frage, der nach erfolgreichen Reisen in Arabien und Spanien die in die Heimat mitgebrachten Schätze der orientalischen Weisheit freigebig mitgeteilt hat, und zwar zuerst seinen ersten vier Mitbrüdern, für die er ein Collegium gründete, wie in der *Fama* zu lesen steht. Es sei nur zu wünschen, so Hirsch in seinem *Pegasus*, dass alle Schriften von diesem Höchsten unter den Philosophen bald im Druck erscheinen mögen. Das Buch schließt mit der Aufforderung des Hermes Trismegistus an seinen Sohn Tat: "Pius esto, o fili, qui vere pius est, summe philosophatur" (Sei fromm, mein Sohn, denn wer richtig fromm ist, ist der größte Philosoph) und dem Spruch am Schluss der *Chymischen Hochzeit*: "Summa scientia, nihil scire" (Das höchste Wissen ist, nichts zu wissen).

Magisches Schrifttum

Die Magie spielt eine zentrale Rolle sowohl in der *Fama* wie auch in der *Confessio Fraternitatis R.C.* Von dem jungen Christian Rosenkreuz wird dort berichtet, wie er von den Arabern in Damcar und Fez neben Physik und Mathematik auch die Magie gelernt hatte und wie er dann, wieder in der Heimat, diese magischen Kenntnisse unter seinen Landsleuten ("dann Teutschland nunmehr an gelehrten Magiern und Kabbalisten ... nicht mangelt") weiter zu entwickeln versuchte. So entwickelte er auch, laut der *Fama*, mit den ersten Mitgliedern der Bruderschaft des R.C. eine "magische Sprach und Schrift mit einem weitläufigen Vocabulario", aus "welchen Buchstaben" sie dann, laut der *Confessio*, "unsere Magische Schrifften entlehnet und uns ein newe Sprache erfunden und zuwege gebracht haben, in welcher zugleich die Natur aller dinge außgedrucket und erkläret wird". Was für eine Art Magie damit gemeint war, wird hier nicht mitgeteilt. Doch der Verfasser der Rosenkreuzer-Manifeste kannte sich auf diesem Gebiet ausgezeichnet aus. Der junge Johann Valentin Andreae hatte seinen Vater Johannes nicht nur als Mitarbeiter von Tobias Hess bei alchemischen Experimenten erlebt, sondern auch als Fachmann für die gelehrte Magie, der sich sowohl in den Schriften von Jamblicus, Psellus, Proclus, Synesius, Albinos und auch dem *Arbatel* auskannte. Darüber hinaus trat er 1599 beim Stuttgarter Hof als Vermittler für einen allfälligen Tausch von magischen Handschriften aus der ehemaligen Bibliothek des Trithemius auf, worunter Schriften wie der *Picatrix*, das Buch *Raziel*, das Buch *Enoch*, der *Liber angelicus* des Hermes, die *Ars notoria*, die Apollonius zugeschrieben wurde, die *Anacrisis* und *Ars crucifixi* des Pelagius Eremita und weitere 440 (!) Titel verzeichnet waren. Außerdem hat der Verfasser der *Fama* und *Confessio* jedoch einer anderen Magie den Vorzug gegeben, nämlich der, die von Paracelsus, Alexander von Suchten, Peter Severinus und Johann Arndt ausging und für ihn und seine Freunde als der Inbegriff der Erfahrungswissenschaften galt. In diesem Sinne schrieb Andreae eine großartige *Institutio magica pro curioses* (Magische Unterweisung für die Neugierigen), in der er die Vorurteile gegen die Magie abzubauen versuchte und gleichzeitig gegen das Monopol der spekulativen Papierwissenschaften der Aristoteliker an den Hochschulen kämpfte.

Zwischen Kabbala und Gabalia

Auch die Kabbala soll Christian Rosenkreuz, "wenngleich mit ihrer Religion befleckt", von den Arabern in Fez gelernt haben. Er hat darin einen "noch bessern Grund" für den eigenen Glauben entdeckt. Denn durch die Kabbala wurde ihm zum ersten Mal die ganze Harmonie der Welt bewusst und er erkannte, wie diese mit den von Gott vorbestimmten Zeitperioden übereinstimmt, nämlich wie

> ... die gantze grosse Welt in einem kleinen Menschen were, dessen Religion, Policey, Gesundheit, Glieder, Natur, Sprach, Wort und Werck, alles in gleichem tono und Melodey mit Gott, Himmel und Erden ginge.

Aus der Bibliothek von Tobias Hess haben sich in Linz, mit vielen Randbemerkungen versehen, sowohl das *De verbo mirifico* wie auch *De arte cabalistica* von Reuchlin erhalten. Doch die in der *Fama Fraternitatis* beschriebene Kabbala ist nicht ganz die der von Andreae noch besungenen Kabbalisten Reuchlin oder Pico della Mirandola, sondern die durch Paracelsus zur Gabalia umgestaltete sowie durch Johann Arndt und Heinrich Khunrath mit der Theosophie vermengte Kabbala. Für Arndt bedeutete Kabbala eine Zwischenstufe zwischen der Magie (Licht der Natur) und der Theologie (Licht des Heiligen Geistes): "Wo nun Magia auffhöret / da fehet Cabala an / vnd wo Cabala auffhöret / da fehet Theologia an / vnd der Prophetische Geist." Khunrath seinerseits verzichtete völlig auf die von den jüdischen und den ersten christlichen Kabbalisten noch vertretene Tradition ("Jch rede allhier nicht de Cabala illa literali, so in Buchstaben

vnd Ziffern bestehet / vnd bey den Jüden noch heutiges Tages sehr gebreulich / sondern von einer viel höhern / Ja von der allerhöchsten"). Er verwandelte die Kabbala – wie es später auch Fludd tat - zu einem der Bestandteil der Theosophie: "CABALA heißt die theosophisch erfolgte Rezeption der göttlichen Offenbarung, wodurch der Mensch sowohl Gott und dessen Messias erkennt wie auch die reinen Formen [formae separatae], die Natur der großen und kleinen Welt, und auch sich selbst begreift; denn diese Kabbala öffnet dem Menschen den wahren Sinn der Heiligen Schrift und befähigt ihn zugleich, sich mit Gott und den oberen Intelligenzen zu vereinigen und sich an ihnen zu freuen." Ungeachtet der in allen drei Manifesten der Rosenkreuzer erfolgten scharfen Kritik Andreaes an den kabbalistischen Figuren des *Amphitheatrum Sapientiae aeternae*, obsiegte schließlich die von Khunrath geprägte Interpretation der Kabbala, ganz besonders bei Daniel Mögling und anderen Bewunderern von Tobias Hess, die im Gegensatz zu Andreae der Rosenkreuzerbewegung treu geblieben waren.

Astrologie, Apokalyptik und Chiliasmus

Obwohl auch in der *Fama* apokalyptische Elemente durchaus nicht fehlen (wie etwa "das starke Kind, das Europa gebären wird" oder der *Trigonus igneus,* "dessen Flammen gewißlich der Welt den letzten Brand anzünden werden"), gilt besonders die *Confessio Fraternitatis* als Inbegriff des astrologischen Glaubens und der chiliastischen Endzeiterwartung der Rosenkreuzer. Denn hier wurde nicht nur auf den Neuen Stern von 1604 ("so am Himmel in *Serpentario* und *Cygno* entstanden") als warnende Botschaft Gottes hingewiesen; es wurden unter anderem auch die prophezeiten Dunkelzeiten der Religion, der Untergang des Papsttums oder die Errettung durch den Löwen aus dem außerkanonischen Vierten Buch Esra angesprochen, bei dem sich Luther geweigert hatte, es ins Deutsche zu übersetzen. Mit einem Zitat aus eben diesem Buch (IV Esra 4/37) eröffnete Andreae 1613/1614 seine *Collectanea mathematica*, eine Art Privatseminar über Mathematik und Mechanik, das er mit einer Tafel über die sechs Millenarien der Welt abschloss. Damit setzte er eine Tradition fort, die durch Luthers Gegenspieler in Sachen Apokalypse, den Maler Paul Lautensack, begonnen hatte und die von Valentin

Weigel und seinen Anhängern fortgesetzt wurde. In dieser Tradition befand sich besonders auch Andreaes Mentor Tobias Hess, der an der Universität Tübingen eine Gruppe von Schülern um sich geschart hatte, die Andreae später wie folgt beschrieb: "Wir glaubten an den paradoxen Geist von Hess und an ich weiss nicht was für ein erdichtetes Goldenes Zeitalter und an was für eine fürwitzige Berechnung des Gerichtes." Die chiliastische Berechnung des Gerichtes, die Hess als Marginalien in den beiden aus seinem Besitz erhaltenen Bibelexemplaren eigenhändig gezeichnet hat, hat aber einen zusätzlichen Hintergrund, nämlich die "Naometria", d. h. die Kunst der Tempelmessung, die allerlei Kombinationen von kabbalistischen Zahlen aus den biblischen Büchern erlaubte, um die Gezeiten der Weltgeschichte zu deuten. Diese Kunst hatte ein Vertrauter von Hess, Simon Studion, entwickelt, wobei die von ihm angesprochene "Militia evangelica", allen bisherigen Behauptungen zum Trotz, mit den Rosenkreuzern nichts zu tun hat. Während aber der Einfluss der Naometria bei der Abfassung der Manifeste in Tübigen 1608-1609 stark abgeklungen war, spielten die chiliastischen Motive weiterhin eine besondere Rolle in den Schriften aus dem Freundeskreis von Tobias Hess. Dies ist nicht nur aus den zwei verschlüsselten Biographien zu ersehen (*Herculis Christiani Luctae XXIV* (Die 24 Werke des christlichen Hercules) und *De christiani cosmoxeni genitura Iudicium* (Urteil über das Horoskop des Christiani Cosmoxenus – d. h. des Fremden in der Welt), die Andreae 1615 Tobias Hess gewidmet hat, sondern auch aus den Schriften des gemeinsamen Freundes Christoph Besold, die ausgesprochen chiliastische Titel tragen wie *De periculis nostri temporis* (Über die Gefahren unserer Zeiten) oder *Signa Temporum* (Zeichen der Zeiten). Besold ist übrigens auch der Verfasser eines der interessantesten Werke über die Geschichte des Chiliasmus, die von Giacchino da Fiore über Paracelsus, Borrhaus, Schwenckfeld, Castellio, Bibliander, Curione, Postel und Weigel bis zu Giacomo Brocardo und Campanella reichte.

Mystik und Rationalismus: das radikale Dissidententum
In der *Fama* und der *Confessio Fraternitatis* wird feierlich und ausdrücklich die Zugehörigkeit der Brüder von Rosenkreutz zu "der ersten renovierten Kirche", d. h., zur lutherischen Kirche betont, deren "zweyer Sacramenten" sie genießen und bei der sie auch sonst "mit allen Phrasibus und Ceremoniis" einverstanden seien. Ein solches Bekenntnis haben aber weder die evangelischen Pfarrer noch die Theologieprofessoren oder sonstigen Vertreter der lutherischen Hochorthodoxie für bare Münze genommen. Denn sie warfen die Rosenkreuzer sofort in den gleichen Topf wie die von Luther verdammten "himmlischen Propheten", die Wiedertäufer, die Enthusiasten, die Paracelsisten und die Weigelianer. Ähnlich reagierten bald darauf auch die Katholiken, besonders in Bayern und Frankreich, wenngleich mit dem Unterschied, dass für sie sämtliche Kontrahenten, ob Rosenkreuzer oder Lutheraner, allesamt abtrünnige Ketzer waren. Und zuletzt - besonders nach der Niederlage der Böhmen am Weißen Berg - schlossen sich auch die Calvinisten an, zunächst wohl, um den Verdacht loszuwerden, sie hätten anfangs mit den Rosenkreuzern und der von ihnen geforderten Generalreformation gemeinsame Sache gemacht. Eines hatten aber die Vertreter der drei offiziellen Konfessionen außer acht gelassen: Ungeachtet der in den Manifesten klar verkündeten religiösen Konfession kamen die zustimmenden Antworten an die Bruderschaft ohne großen Unterschied von Leuten aus allen drei konfessionellen Lagern, denen offensichtlich die tatsächliche Ausübung einer christlichen Lebensweise wichtiger geworden war als papierene Glaubensbekenntnisse. Zu diesen gehörten in erster Linie die Liebhaber der mystischen Literatur, besonders der

von Meister Eckhart, Tauler, Kempis und der Theologia Deutsch, die sie durch die von Arndt verdeutschten Versionen eines Sebastian Castellio kannten. Doch es gab unter den Lesern der Rosenkreuzer-Manifeste von 1614-1615 auch nicht wenige Anhänger von Schwenckfeld oder Weigel, denen der darin verborgene radikale Geist nicht entging, der nur wenige Jahre später in dem *Menippus* und der *Mythologia christiana* von Andreae ganz offen zutage trat. Die dort vorkommenden radikalen Sätze wie: "Die Theologie ist eher Erfahrung als Wissenschaft"; "der Wille und die Gedanken sind frei und kein Richterspruch vermag sie einzuschränken"; "die Gelehrten sind die Verkehrten", stammen direkt aus den *Paradoxa* des Sebastian Franck. Das Kapitel über die "Literati" verrät den aufmerksamen Leser von Castellios Buch *De Calumnia* und auch des *De haereticis an sint persequendi*. Im Kapitel über "Acontius" plädierte Andreae für die volle religiöse Toleranz, denn die Konfession brauche nicht mit der Staatszugehörigkeit zusammenzufallen und in allen Religionen seien gute Menschen zu finden. Und von Arndt schließlich stammen die Sätze: "Lieber wie die Waldenser und 'idiotae' sein, bei denen Leben und Lehre übereinstimmten, als mit vielen gelehrten Büchern volle Orthodoxie zu verkünden und die christliche Praxis und Nächstenliebe zu vernachlässigen." Was Besold betrifft, so gehörte er zu den ganz großen Kennern der Mystik, und ihm ist zu verdanken, dass die Predigten des einst als "Erzketzer" verurteilten Meister Eckhart aus ihrem Versteck in dem Dickicht von Taulers Predigten ausgesondert wurden, wo sie eingestreut worden waren aus Angst vor einer allfälligen Vernichtung.

Alchemie und Paracelsismus

Sowohl Andreaes Vater wie auch dessen Partner Tobias Hess gehörten um 1600 zu den in Kreisen der Paracelsisten anerkannten alchemistischen Größen. Während aber Andreaes Vater 1601 frühzeitig verstarb, nachdem er aufgrund kostspieliger Experimente seine Familie in den finanziellen Ruin getrieben hatte, wendete sich Hess vermehrt der Medizin von Paracelsus zu. Dies trug ihm allerdings den Hass der Tübinger Zunftmediziner ein, die zwischen 1599 und 1609 Tobias Hess wiederholt anklagten als "Schüler des gottlosen Paracelsus", der in seinem Haus sogar "Lesungen" aus Hohenheims Schriften veranstaltete. Kein Wunder, dass Paracelsus in der *Fama* als einzige reale Person genannt und dessen Bücher von den ersten Rosenkreuzbrüdern in allen Ehren gehalten wurden. Ganz anders verhält es sich aber mit der Alchemie: Entgegen anderslautenden Behauptungen wird in der *Fama* die gesamte Alchemie - und nicht bloß das "gottlose und verfluchte Goldmachen" - zu einem niedrigen Beiwerk und zu einem Parergon herabgesetzt. Und darüber hinaus werden die Brüder in den drei Rosenkreuzer-Manifesten ausdrücklich aufgefordert, sich von den Pseudoalchemisten wie etwa Khunrath schleunigst zu distanzieren, denn die von diesem "Amphitheatralen Histrion" entworfenen kabbalistischen Figuren stellten, laut Andreae, eine Beleidigung Gottes dar. Doch nicht alle Mitglieder aus dem Freundeskreis von Tobias Hess haben den verständlichen persönlichen Groll von Andreae gegen die Alchemie und die Alchemisten geteilt. Im Gegenteil: Kaum hatten sie die erste Gelegenheit dazu, in den gedruckten Texten zu intervenieren, so strichen sie einfach den Paragrafen über Khunrath im 12. Kapitel der *Confessio*, sodass er bis in unsere Tage in fast allen Ausgaben der Rosenkreuzer-Manifeste fehlt. Und dennoch ist es demselben Andreae mit seinem erstaunlichen Roman *Chymische Hochzeit Christiani Rosencreutz Anno 1459* gelungen, der ganzen Alchemie samt den dazugehörenden Prozessen eines der schönsten literarischen Denkmäler zu errichten und zugleich die gesamte Kunst auf eine höhere Ebene zu übertragen.

Andreae, *Mythologia christiana* 1619

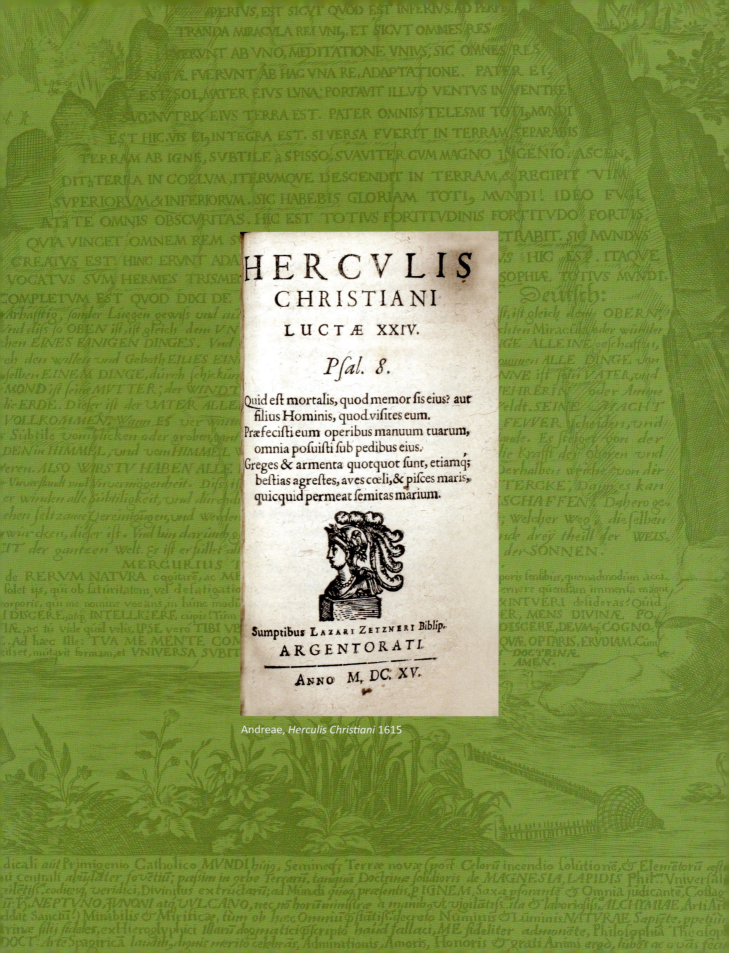

Andreae, *Herculis Christiani* 1615

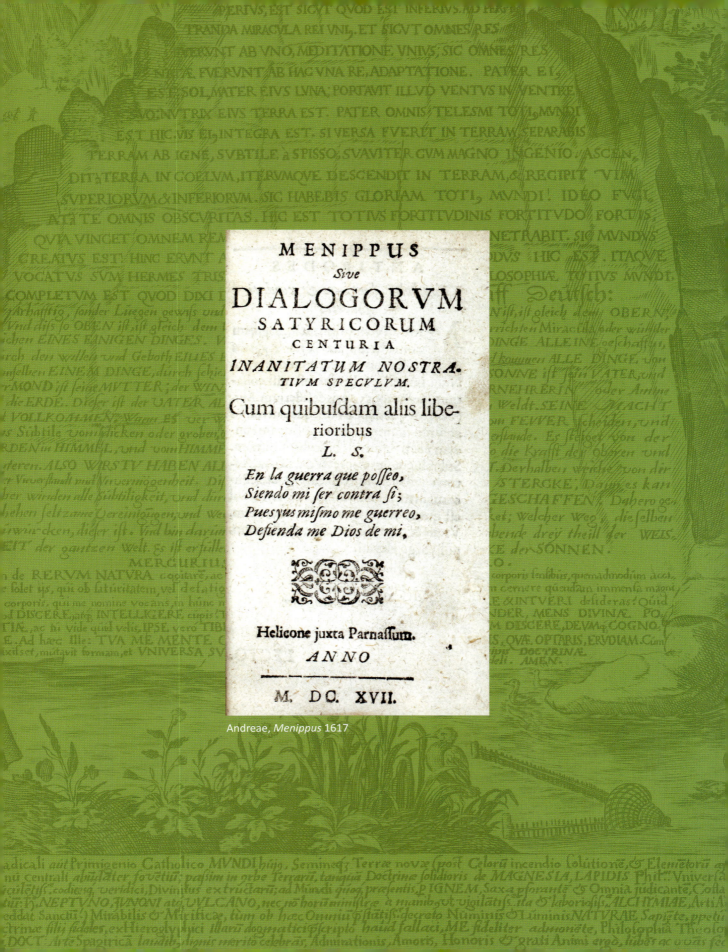

Andreae, *Menippus* 1617

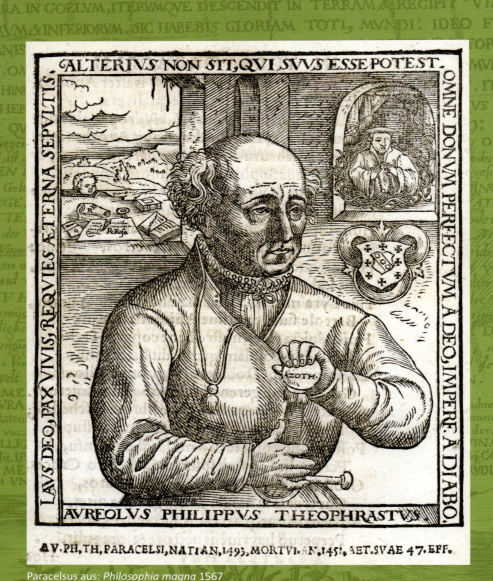

Paracelsus aus: *Philosophia magna* 1567

Erfahrung gegen Spekulation: Die Überwindung der aristotelischen Logik und die Entstehung der Theosophie

Die *Fama Fraternitatis* beginnt mit einem enthusiastischen Lobgesang auf den gewaltigen Fortschritt in Religion und Wissenschaft, der sich damals gerade anbahnte, sowie auf die neuen hoch erleuchten großen Geister, welche sowohl die Künste und Wissenschaften wie auch die Würde und Herrlichkeit des Menschen wieder hergestellt hätten. Doch gleich darauf folgen die Klagen. Die *Fama* kritisiert den Stolz und den Ehrgeiz der vermeintlich Gelehrten, die, anstatt ihre jeweiligen Kenntnisse zusammenzubringen und in einem Buch der Natur zwecks Regelung aller Künste festzulegen, sich gegenseitig bloß zankten und stritten, sodass "man doch bey der alten Leyren bleibt und muß Bapst, Aristoteles und Galenus, ja was nur einem Codice gleich siehet, wider das helle offenbahre Liecht gelten". Abgesehen von der radikalen Ablehnung der mächtigen Kirche der Gegenreformation, knüpft der Verfasser der *Fama Fraternitatis* hier an eine besonders seit Paracelsus immer radikaler werdende Kritik an den starren Grundfesten des auf Aristoteles und Galen aufgebauten Wissenschaftsgebäudes an, das jeglichen Fortschritt verhinderte. Gleichzeitig verweist er hier mit dem Satz, "was einem Codice gleich sieht", nicht (wie die meisten Übersetzer meinen) auf irgendein Gesetzbuch, sondern vielmehr auf den vor allem durch Alexander von Suchten (*De tribus facultatibus*) und Johann Arndt (*De antiqua philosophia*) geführten Kampf gegen die "papierenen Bücher und toten Buchstaben", gegen "die papierene Erudition" "dieser wahrlich recht papierenen Zeit". Deshalb verlangten sie beide die Zurückstellung solcher papierenen Bücher (*nisi saepositis, relictis, repudiatis papyreis libris*), um direkt aus dem lebendigen Buch der Natur, durch Arbeit mit den Händen und durch Wanderung mit den Füßen zu lernen. Oder wie Haslmayr in einem Kommentar zu der *Fama* hinzufügte: Durch die "Arbeit mit den eigenen Händen", d. h., durch die individuelle und unmittelbare Erfahrung der Dinge und nicht durch bloße Spekulation oder durch die Berufung auf "papierene" Autoritäten sei der "textus libri Naturae" zu entschlüsseln und das "Mysterium des Wordts und des Elements" zu enträtseln. Denn allein auf die Werke kam es bei dieser ganzen Debatte an, wie Haslmayr mit einem Zitat aus Paracelsus trefflich belegte:

"So merke, Lieber Leser, daß wer in der Theologey und in der Arznei nicht mit den Werken probirt und bewiessen wird, der hat seine Disputation verloren und gewinnt im Arguieren noch minder." Kein Wunder, dass der Herausgeber der *Philosophia magna* von 1567 in Bezug auf Paracelsus den Begriff Theosophie neu prägte und von seinem Meister als von einem "Theodidacto ac Theosopho Viro" sprach. Denn von der Mitte des 16. bis hinein in das 18. Jahrhundert stellte die Theosophie bekanntlich den kühnen Versuch dar, den weltlichen Weg der Gotteserkenntnis zu gehen, den die Theologie vernachlässigt hatte; den Weg der Erforschung der Natur, um zur Erkenntnis Gottes zu gelangen. Zugleich bedeutete Theosophie die Anwendung dieser Erkenntnis, um eine intimere Vision der Realität und damit neues Wissen über die Natur zu erhalten. Diese Art von Theosophie war also auch in den Rosenkreuzer-Manifesten vertreten und wohl deshalb wählte Haslmayr bei seinem Schreiben die Worte: *Antwort* von 1612 *an die lobwürdige Brüderschafft der Theosophen von RosenCreutz*.

Das Bücherhaus der Fraternität

In dem Vorwort zur englischen Erstausgabe von *The Fame and Confession of the Fraternity of R. C.* von 1652 nahm Thomas Vaughan zu der Frage nach der Essenz und Existenz der Fraternität eine entschieden affirmative Stellung ein:

Der einzige Galeerensklave unter den Rosenkreuzern: Adam Haslmayr

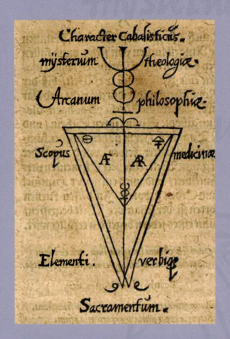

Es ist bezeichnend, dass der erste, der öffentlich begeistert das rosenkreuzerische Gedankengut unterstützte, grausam bestraft wurde für das, was die Machthaber häretische Ansichten nannten. Er wurde zur Galeerenarbeit verurteilt, wo er gezwungen war, viereinhalb Jahre lang Sklavenarbeit zu leisten, eine Bestrafung, die er nur knapp überlebte. Diese beklagenswerte Person war der aus Tirol stammende öffentliche Notar, Alchemist und Rosenkreuzer-Sympathisant Adam Haslmayr. Er hatte den Zorn des einflussreichen anti-paracelsischen Arztes Hippolyt Guarinoni (1571-1654) auf sich gezogen. Ihr Konflikt, der in ihren diametral entgegengesetzten medizinischen und religiösen Ansichten seinen Ursprung hatte, lief völlig aus dem Ruder. Haslmayr dachte, es diene seiner Sache, wenn er den Behörden in Innsbruck eine Verteidigungsschrift (*Oratoria revelatoria*, als Manuskript erhalten) präsentierte. Er hoffte, dass sie dann die Angelegenheit dem Erzherzog Maximilian vorlegen würden."Christo demnach [zu] folgen", schloss Haslmayr seine Entschuldigung, "ist kein Sect", und in der exakten Nachahmung seiner Werke bestehe schließlich "die tugengt und der Gewalt und die höchste Gloria Dei". Haslmayr wusste auch, wer ein treuer Nachfolger und ein Christ war und wer nicht: "Dise gloriam hat weder Luther noch Calvin noch Zwingl noch ainicher der andern Sectirer vermegt, allein die in der Wahren Kirchen Christi auf Petrum der Armen (nicht reichen) Fischer gebawen, wandlen, als Paracelsus und Trithemius, etc. R.C.". Die Rosenkreuzer gehörten zu den wahren Nachfolgern! Dann schrieb er eine zweite Verteidigungsschrift, die er persönlich Maximilian in Wien vorlegen wollte. Es bleibt rätselhaft, warum Haslmayr dem Erzherzog sein Vertrauen schenkte, einem Mann, der vollständig den Jesuiten ergeben war. Es folgte ein grausames Katz-und-Maus-Spiel, das alle Elemente eines spannenden Romans hat. Einige Tage, nachdem er seine zweite Verteidigungsschrift an das Kanzleigericht geschickt hatte (1. August 1612), wurde ein versiegeltes Dokument als Antwort an Haslmayr geschrieben mit der Anweisung, es den Behörden in Innsbruck zu übergeben. Tatsächlich hieß es in dem Schreiben, dass der Überbringer des Briefes, Adam Haslmayr, wegen seiner häretischen Ansichten sofort verhaftet und auf die Galeere nach Genua geschickt werden solle, wo er bleiben müsse, "bis er seine Ansichten bereut und revidiert" habe, "seine Strafe abgesessen und durch uns begnadigt" worden sei. So würde der ahnungslose Haslmayr sein eigenes Schicksal besiegeln! Dann zog man aber in Betracht, dass er ja den Brief öffnen und fliehen könnte, weshalb man ihm einen offiziellen, aber bedeutungslosen Brief, der ihm die sichere Heimkehr nach Innsbruck garantierte, mitgab. Der ursprüngliche, schicksalhafte Brief wurde sofort per Kurier verschickt und traf ein, bevor Haslmayr selbst die Stadt erreichte. Als er in Innsbruck ankam, wurde er sofort ins Gefängnis geworfen und seine Bücher und Schriften wurden konfisziert.

Während er seine Strafe als Galeerensklave ableistete, muss er jeden freien Moment genutzt haben, um theologische und alchemistische Abhandlungen zu verfassen und Figuren und Charactere zu entwerfen, wie dieser hier abgebildete "Character cabalisticus". Ihm wurden sogar Fragen medizinischer Art und Fragen zu alchemistischen Prozessen gestellt. Er schaffte es sogar, sie zu beantworten, obwohl er sich oft über das Fehlen einer Handbibliothek beklagte oder darüber, dass er nicht genug Zeit oder Papier habe. "Da ich weder Zeit noch Papier habe, sagt bitte meiner kranken Frau, dass wir morgen abfahren und für 8 bis 14 Tage fort sein werden". Es konnte ihn wütend machen, wenn eine Abhandlung, die er fertig gestellt hatte, auf dem Meer nass oder sogar ein Raub der Wellen wurde, wie es oftmals der Fall war. Nach seiner Freilassung kehrte er nie wieder nach Tirol zurück, wirkte aber erneut in der Rosenkreuzerdebatte mit.

I am in the Humor to affirm the Essence and Existence of that admired Chimaera, the
Fraternitie of R. C. (Ich bin in der Lage, die Essenz und Existenz dieser bewunderten
Chimäre, der Bruderschaft des R. C., zu bestätigen.

Und dies ungeachtet der zu erwartenden Reaktion bei vielen seiner Leser, die
unweigerlich die Brüder einer solchen Fraternität für so irreal und unsichtbar erklären
würden, wie etwa all die fahrenden Ritter, deren phantastische Abenteuer in dem
berühmten Bücherverzeichnis aus dem Besitz des Don Quijote von der Mancha
verzeichnet waren:

But in lieu of this, some of you may advise me to an Assertion of the Capreols of del
Phaebo, or a Review of the Library of that discreet Gentleman of the Mancha, for in
your Opinion those Knights and these Brothers are equally Invisible.
(Demgegenüber werden einige von euch mir sicher raten, stattdessen die Kapriolen
von del Phaebo oder das Verzeichnis der Bibliothek des verschwiegenen Herrn von der
Mancha als wahr zu bestätigen, weil eurer Meinung nach diese Ritter und die Brüder
(des Rosenkreuzes) gleichermaßen unsichtbar sind.)

Was Vaughan nicht wusste: Dem Verfasser der *Fama* und der *Confessio*, Johann
Valentin Andreae, war *Don Quijote*s Bücherverzeichnis sehr wohl bekannt, denn er
schätzte dessen Autor sehr und hatte sogar in seinem *Menippus* (ed. 1617, Kap. 84:
"Scriptores") die Vorrede an den Leser von Cervantes als Muster für die Lösung etwaiger
editorischer Probleme eines Schriftstellers meisterhaft überarbeitet.

Doch als Andreae im ersten Zwischenakt seiner Komödie *Turbo* ein eigenes Verzeichnis
von phantastischen Büchern aufstellte, griff er nicht auf die Titel der Ritterromane zurück,
die während "der heiteren und gründlichen Untersuchung in der Bücherei unseres
sinnreichen Junkers" auf dem Scheiterhaufen endeten (*Don Quijote*, I,6), sondern auf den
satirischen Katalog "des beaux livres de la librairie de Saint Victor" von François Rabelais
(*Pantagruel*, c. VII) und zugleich auf die um das dreifache erweiterte Fortsetzung von
Johann Fischart (*Catalogus Catalogorum perpetuo durabilis*, Nienendorff, bei Nirgendheim
[Strassburg, Jobin] 1596). Das Gemeinsame all der dort verzeichneten Bücher war
nicht ihr Vorhandensein in der Realität, wenngleich beide Kataloge mit der Behauptung
abschließen, viele von ihnen würden aber nun hauptsächlich "in Thübingen gedruckt, vonn
dannen ohn dies das grosse Buch herkompt, darvon das gemeine Sprüchwort umbgehet,
dass man so lang drauff gewartet hat".

Andreae hat, wie es scheint, diesen skurrilen Hinweis auf Tübingen als künftigen
Druckort phantomartiger, abstruser Bücher zunächst ignoriert. Sein Hauptziel war, in dem
betreffenden Zwischenakt seiner Komödie die Absurditäten einer Schulgelehrsamkeit
aufzudecken, die längst jeglicher Wirklichkeit entfremdet war und die (ob katholisch oder
evangelisch) sofort nach dem Henker rief, falls jemand wagte, sie infrage zu stellen. Und
dies gelang ihm bestens. So ließ Andreae am Schluss des Zwischenaktes seinen Helden
Turbo lapidarisch mit Terentius antworten:

Bona verba. Literaria lis est, literis certate, et alphabeta aliquot in me proiicite
(Nur keine Tricks mehr. Es ist ein literarischer Kampf. Kampf also mit den Waffen der
Literatur und, so Ihr wollt, werft gegen mich so viele Alphabethen, wie Euch beliebt.)

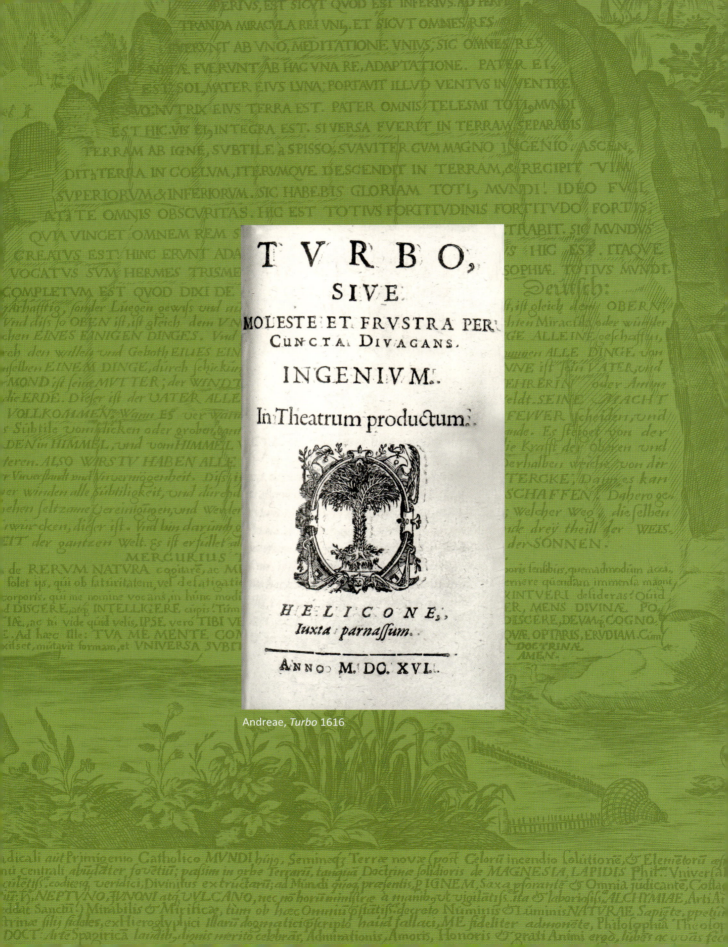

Andreae, *Turbo* 1616

In der *Fama* und der *Confessio Fraternitatis R.C.* beziehen sich sämtliche literarischen Referenzen ebenfalls auf Bücher und Autoren, die außerhalb der angeblichen Mitglieder der Fraternität niemand zu Gesicht bekommen hatte. Dies allerdings mit zwei Ausnahmen:

Die erste betrifft selbstverständlich die Bibel, "die Summa unserer Gesetze", "das große Wunderbuch", in dem Gott "die Vorzeichen seines großen Ratschlags" (magni Consilii signacula) angekündigt und wo er "die Characteres wie die Buchstaben und gleichsam sein A.B.C. oder Alphabetum einverleibt", das er "zugleich in die Natur eines jeden Dings - ob Himmel, Erde oder Tiere - ausdrücklich eingeprägt hatte"."Wer die Bibel regelmäßig lese", "sie zur Regel seines Lebens mache", "sie als Höhepunkt seiner Studien und als Inbegriff der ganzen Welt betrachte", "ist schon auf den guten Weg zur Eintritt in unsere Bruderschaft" (*Confessio,* c. X).

Die zweite Ausnahme betrifft die Person des Theophrastus Paracelsus von Hohenheim, von dem die *Fama* berichtet: "so gleichwohl in unsere Fraternitet nicht getretten, aber doch den *Librum M.* fleissig gelesen und sein scharffes Ingenium dardurch angezündet". Die Brüder verfügten sogar über ein "*Vocabulario* Theoph[rasti] B[ombast] ab Hohenheim]", was aber hier wiederum nicht sehr realistisch klingt. Denn zwischen 1574 und 1584 sind vier *Onomastica* oder *Dictionaria* über paracelsische Terminologie tatsächlich im Druck erschienen, aber dieses hier war angeblich seit 1484 im Raum mit der Grabstätte von Christian Rosenkreuz eingeschlossen geblieben, also genau zehn Jahre vor der Geburt des historischen Paracelsus.

Mit diesem anachronistischen Wink wollte offensichtlich der Verfasser der Rosenkreuzer-Manifeste seine Leser auf den unbestimmbaren Moment hinweisen, in dem sich das Reformprogramm der Rosenkreuzer in der Zeit verwirklichen würde, so wie er auch der von vielen als nicht existent angesehenen Stadt der Weisen in Arabien auf Grund eines Druckfehlers der Kartografen den Namen *Damcar* gab.

Anders als bei der Insel "Kaphar Salama" der *Christianopolis* brauchte hier Andreae also keinen neuen Namen für die utopische Stadt der Weisen Magier zu erfinden, in der sich der Gründer der Fraternität drei Jahre lang aufhielt, die arabische Sprache lernte und den "*Librum Mundi*" ins Lateinische übersetzte: Denn diesen hatten ihm die Kartografen wie Ortelius, Mercator und selbst der Orientalist Guillaume Postel in seiner *Polo aptata nova Charta Universi* (Paris, I. de Gourment, 1578) umsonst geliefert.

Betrachten wir nun der Reihe nach die bei der Fraternität angeblich vorhandenen literarischen Erzeugnisse, angefangen natürlich bei dem eben erwähnten *Librum M.,* das der junge Christian Rosenkreuz als erstes zu Damcar "in gut Latein gebracht und mit sich genommen", denn "diß ist der Ort" – so der Bericht in der Fama, "da er seine Physic und Mathematic geholet, deren sich billich die Welt hette zu erfrewen, wann die Liebe grösser und des mißgunstes weniger were".

Während seines anschließenden Aufenthalts in Fez hatte Rosenkreuz Gelegenheit genug, die "*Mathematik, Physica* und *Magia* (dann hierinnen sind die Fessaner am besten)" aus der Nähe kennen zu lernen, und vor allem zu beobachten, wie sich Araber und Afrikaner "einander aus den Künsten befragten, ob nicht vielleicht etwas bessers erfunden", was er voller Neid mit der angeblich schlimmen Situation in seiner Heimat vergleicht: "wie es dann Teutschland nun mehr weder an gelehrten Magis, Cabalistis, Medicis und Philosophis nicht mangelt", die sich aber unversöhnlich bekämpfen, anstatt sich zusammenzutun und einen Fortschritt in den Künsten und Wissenschaften zu ermöglichen.

Gibt es die Stadt Damcar? Wenn ja: Wo ist Damcar?

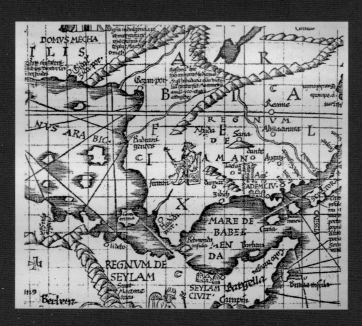

In den Manuskripten, die vor der ersten Ausgabe der *Fama* erschienen, wurde die orientalische Stadt, in der sich Christian Rosenkreuz während seiner Reise durch den Osten aufhielt und Arabisch lernte, "Damcar" genannt. Als der Schreiber, der an der ersten Ausgabe der *Fama* arbeitete, diesen Namen im Text des Exemplars entdeckte, änderte er ihn in "Damaskus", eine wegen ihrer vielen Berichte von Pilgerreisen in das Heilige Land im Westen bekannte Stadt. Die Druckfahnen müssen von einem Korrektor jedoch sorgfältig gelesen worden sein, denn in der Liste der Errata lesen wir, dass "Damaskus" "Damcar" heißen muss. In allen späteren Abhandlungen über die Rosenkreuzer-Manifeste wurde angenommen, dass Damcar eine imaginäre Stadt sei, da der Name in keinem der Reiseberichte erschien. Erst im 20. Jahrhundert notierte ein Orientalist, dass es tatsächlich eine Stadt namens *Damar*, südlich von Saana im Jemen gibt. Wie kamen die Autoren der *Fama* dazu, den Ort "Damcar" zu nennen anstatt des korrekten Damar? Der Fehler passierte vermutlich, weil eine Karte zu Hilfe genommen wurde, die ursprünglich aus dem Jahr 1516 datiert (Waldseemüller's Carta Marina) und die den Namen Damcar enthält, wobei das zweite "a" jedoch so undeutlich gedruckt ist, dass man stattdessen ein "ca" lesen konnte, ein Fehler, der dann hauptsächlich durch holländische und deutsche Kartenschreiber fortgesetzt wurde. Offensichtlich hat der Autor der *Fama* eine dieser Karten benutzt.

Nach zwei Jahren in Fez kehrt Rosenkreuz nach Europa zurück und landet zuerst "mit vielen köstlichen Stücken in Hispaniam" in der Hoffnung, die dortigen Gelehrten würden ihre Studien nach den von ihm gezeigten "gewissen Fundamenten regulieren" und die eingeschlagenen Irrwege in den Wissenschaften verlassen. Doch sie wehrten sich dagegen, "newe Gewächs, newe Früchte, [sowie] Tiere" kennenzulernen oder "newe *Axiomata*, so durchaus alles solvierten", prüfen zu lassen, und schickten ihn schnurstracks außer Landes, damit er woanders seine Reformation durchführen und Unruhe stiften kann. Aber auch von anderen Nationen, so heißt es in der *Fama* weiter, wurde ihm das gleiche "Liedlein vorgesungen", obwohl er sich bereit erklärt hatte,

> alle seine Künste miltiglich den Gelehrten mitzutheilen, da sie allein solcher mühe, aus allen Faculteten, Scientien, Künsten und der gantzen Natur, gewisse ohnfehlbahre *Axiomata* zu schreiben, sich unterwinden wollen, als welche er wuste, dass sie sich, als einem globo gleich, nach dem eynigen Centro richten würden und, wie es bey den Arabern im brauch, allein den Weysen zu einer Regel dienen sollen, daß man also auch in Europa ein Societet hette, die alles genug von Goldt und Edelgestein habe, und es den Königen zu gebührenden propositis mittheile, bey welchen die Regenten erzogen würden, die alles dasjenige, so Gott dem Menschen zu wissen zugelassen, wüsten und in Notfällen möchten (als wie vor Zeiten von den Heyden Abgöttern gelesen wird) bescheiden gefragt werden.

Die Fortsetzung der Geschichte ist wohl allen aus der Schilderung in der *Fama Fraternitatis* bekannt: "Nach vielen müheseligen Reysen und übel angelegten newen reformationen ist Christian Rosenkreuz wiederumb in Teutschland gezogen", wo er sich dann "eine fügliche und saubere Habitation, in welcher er seine *Reysen* und *Philosophey* ruminirte und in ein gewiß *Memorial* brachte". Dieses *Memorial* entspricht nach der Schilderung Andreaes sowohl dem *Itinerarium* wie auch zum Teil der *Vita* des Ordensgründers, die nach der Wiedereröffnung des großen Gewölbes mit dem Rosenkreuzergrab in einem der Wandschränke neben anderen Büchern aufgefunden wurden.

Neben der schriftstellerischen Beschäftigung soll sich Rosenkreuz auch mit dem Bau von vielen schönen Instrumenten beschäftigt haben, bis ihm die Idee von der Reformation wieder in den Sinn kam, zu deren Durchführung er nun eine Gemeinschaft mit drei seiner ehemaligen Klosterbrüder (welche in den Künsten damals mehr als andere fortgeschritten waren) einging. Die Namen dieser ersten Mitglieder der Fraternität werden in der *Fama* nur mit den Initialbuchstaben, Bruder G.V., Fr. I.A. (der erste Nachfolger als Haupt der Fraternität) und Fr. I.O. (ein Mathematicus) wiedergegeben. Ihre Aufgabe bestand zunächst darin,

> alles das jenig, dahin er ihnen würde anleytung geben, mit höchstem fleiß auffs Pappier zu bringen, damit die posteritet, so durch besondere Offenbarung künfftig sollen zugelassen werden, nicht umb ein Syllaben oder Buchstaben betrogen würde. Also fieng an die Bruderschafft des R.C. erstlich allein unter vieren Personen und durch diese wardt zugericht die *Magische Sprach* und *Schrifft* mit einem weitleuffigen *Vocabulario*, wie wir uns deren noch heutiges Tages zu Gottes Ehr und Ruhms gebrauchen und grosse Weißheit darinnen finden: Sie machten auch den ersten Theil des *Buchs M.* (oder *Buch Mysterium*, wie es in der Salzburger Manuskript aus dem Besitz Besolds heißt).

Nach dem Bau eines neuen Gebäudes, das man "Sancti Spiritus" nannte, wurden neue

Mitglieder für die Gesellschaft und Bruderschaft ausgewählt, darunter ein Neffe des Gründers mit Namen Fr. R.C., ein geschickter Maler namens F.B. und ihre beiden Schreiber G.G. und P.D. Letztere waren wohl für die Anfertigung von weiteren Büchern für die *philosophische Bibliotheca* der Fraternität zuständig, von deren Exemplaren, laut der *Fama*, besonders drei hochgeschätzt wurden: Das Buch der "*Axiomata* als das fürnembste", das "Buch *Rotae Mundi* als das künstlichste" (kunstreichste) und das "Buch *Protheus* als das nützlichste".

Zu der Bibliothek der Fraternität gehörte schließlich auch ein Büchlein mit dem Titel *Concentratum*, in dem das ganze Gewölb mit dem Grab von Rosenkreuz "mit all seinen Figuren und Sententien auffs fleissigste und getrewlichste abgerissen" war. Das wohl geheimste Buch aus der ersten Phase der Fraternität, worauf in der *Fama* hingewiesen wird, war zweifelsohne

> ... ein Büchlein auff Bergament mit Goldt geschrieben, so T. genandt, welches nun mehr nach der Bibel unser höchster Schatz und billich nicht leichtlich der Welt Censur soll unterworffen werden.

Dies war das Buch, das Rosenkreuz bei der Eröffnung des Sarges in der Hand hielt und an dessen Schluss das lateinische *Compendium* seiner Biographie geschrieben war, das all die frühen Mitglieder der Fraternität mit ihren Namen, ihrem Rang und Beruf unterschrieben. Zu diesem *Compendium* gehörte auch die Umschrift auf dem Messingdeckel des Altars über dem Grab "A.C.R.C. *Hoc Universi Compendium vivus mihi sepulcrum feci*", mit den vier Rundsprüchen in den inneren Kreisen: *Nequaquam vacuum, Legis jugum, Libertas evangelii, Dei gloria intacta*, welche Jahre später Abraham von Franckenberg in seiner *Tabula Universalis Theosophica Mystica et Cabalistica* von 1623 graphisch meisterhaft dargestellt hat.

Auch in der lateinischen *Confessio Fraternitatis* werden weitere Bücher aufgeführt, die der Gründer des Ordens bei seinem Tod im Haus Sancti Spiritus hinterließ: so im 5. Kapitel das *Gesetzbuch* der Weisen zu Damcar, das von Christian selbst abgeschrieben wurde und welchem die Nachfolger künftig auch in Europa zu voller Geltung zu verhelfen hofften. Besonders erwähnt werden aber im 4. Kapitel die *Patris nostri Christiani Meditationes*, das heißt

> die Erkundigungen und Erforschungen unsers geliebten Vatters *Christianus* über all das jenige, so von Anfang der Welt her von Menschlichem Verstandt entweder durch Göttliche Revelation und Offenbahrung oder durch der Engel und Geister Dienst oder durch Scharffsinnigkeit deß Verstandes oder durch langwirige Observation, Übung und Erfahrung erfunden, erdacht, herfürgebracht, verbessert und biß hieher propagiret oder fortgepflantzet worden, so fürtrefflich, herrlich und groß seyen, das ob schon alle Bücher solten umbkommen und durch deß Allmächtigen Gottes Verhengnuß aller Schrifften *et totius rei literariae interitus* oder Untergang fürgehen solte, die Posteritet dennoch auß denselben allein ein newes Fundament legen und ein newes Schloß oder Feste der Warheit wieder auffbawen köndte, welches denn auch vielleicht nicht so schwer seyn möchte, als daß man erst soll anfangen, das alte so unformliche Gebäw zu destruiren und zu verlassen und bald den Vorhoff erweitern, bald den Tag in die Gemach bringen, die Thüren, Stegen und anders, wie unser Intention solches mitbringet, verendern [...] Wehre es nicht ein köstlich Ding, daß du also lesen kündtest in einem Buch, daß du zugleich alles, was in allen Büchern, die jemals gewesen, noch seyn oder kommen und außgehen

Abraham von Franckenberg : Die Geometrie, die Rose und das Gewölbe

Abraham von Franckenberg (1593-1652), der vor allem als treuer Anhänger der Philosophie Jakob Böhmes bekannt ist, fertigte diese Graphik 1623 an, wie das Chronogramm "CrVX MvnDI regIna stabIt" sagt. Er überreichte sie am 6. Januar dieses Jahr zu Laskowitz/ bei Brieg seinem Freund Johann Daniel von Coschwitz zum Zeichen ihrer Freundschaft. (s. die linke Spalte). Franckenberg hatte schon 1614 als Student in Jena die *Fama* gesehen und sich darüber in höchstem Maße gefreut, wie aus seiner Korrespondenz mit Georg Lorenz Seidenbecher hervorgeht. Die Beziehung zum rosenkreuzerischen Gedankengut ergibt sich schon aus dem Datum unter der linken Spalte; darunter steht eine Rose mit dem Buchstaben "T" in der Mitte und dem Wort "recoincentremur". Der Buchstabe "T" steht für das gleichnamige Buch, das laut der *Fama* bei der Eröffnung von Christian Rosenkreuz' Grab gefunden wurde, während das Wort "recoincentremur" auf den zentralen Begriff des "Centrum" in der *Fama* und *Confessio* hinweist:

> [...] da sie [=die Gelehrten] allein solcher mühe, aus allen Faculteten, Scientien, Künsten und der gantzen Natur, gewisse ohnfehlbahre axiomata zu schreiben, sich unterwinden wollen, als welche er wuste, dass sie sich, als einem globo gleich, nach dem eynigen *Centro* richten [...]

So soll es nicht heissen: Hoc per Philosophiam verum est, sed per Theologiam falsum, sondern worinnen es Plato Aristoteles, Pytagoras und andere getroffen, wo Enoch Abraham, Moses, Salomo den ausslag geben, besonders wo das grosse Wunderbuch, die Biblia, concordiret, das kompt zusammen und widr eine Sphera oder Globus, dessen omnes partes gleiche weite vom Centro[...].

Bei der geometrischen Figur unter der Rose handelt es sich offensichtlich um den Versuch, das Gewölbe mit dem Grab von Rosenkreuz nach den geometrischen Angaben in der *Fama* nachzuzeichnen. In den vier Diagonalen der zentralen Figur der Tafel sind die vier rätselhaften Sprüche auf dem Grab nicht nur wiedergegeben, sondern zugleich ausgelegt und dem jeweiligen wissenschaftlichen Fachbereich zugeordnet.

Nequaquam Vacuum stellt er unter Philosophie (Sapientia, Arbor naturae),
Legis jugum unter die Jurisprudenz (Iustitia, Arbor legis)
Libertas Evangelii unter die Medizin (Redemptio, Arbor gratiae)
Dei gloria intacta unter die Theologie (Sanctificatio, Arbor gloriae)

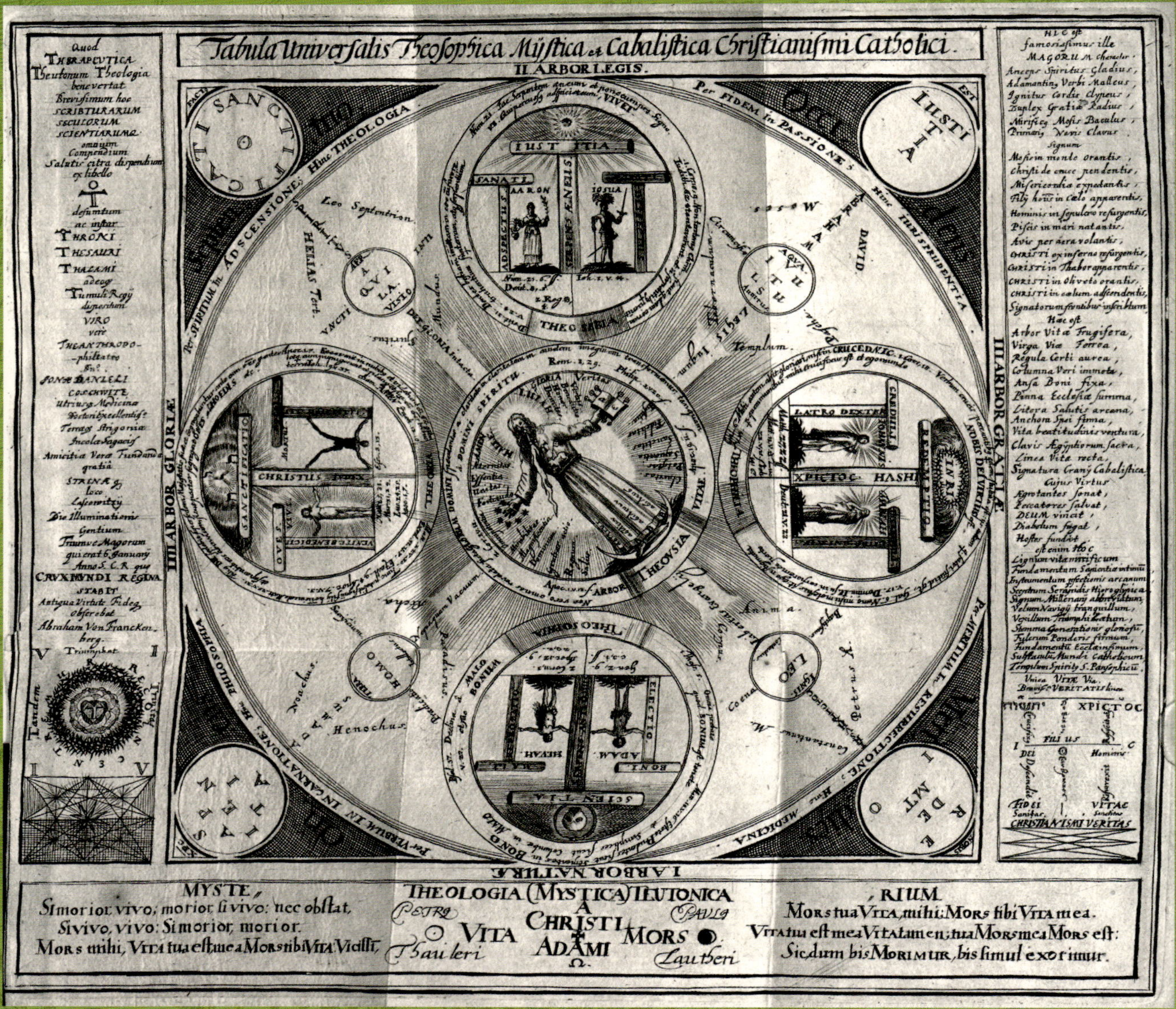

Franckenberg, *Tabula universalis* 1623

werden, zu finden gewesen, noch gefunden wird und jemals mag gefunden werden, lesen, verstehen und behalten möchtest?

Nach solchem Lobgesang auf die Allwissenschaft (Pansophie) des allweisen Pansophus Rosenkreuz scheint es schier unmöglich, dass der Ordensgründer seinen Nachfolgern und deren Schülern überhaupt noch irgend etwas zu erforschen überlassen hätte. Dem ist aber nicht so. Nur dass in der *Confessio*, um der Kürze willen, vorgezogen wird, auf eine detaillierte Schilderung dessen zu verzichten, was Rosenkreuz nach seinem Tod an unerledigten Forschungsprojekten hinterlassen hatte - "Quantum a felici morte nostris Patribus et nobis experiunda reliquerit".

Immerhin anerkennt die *Confessio*, wie früher auch die *Fama Fraternitatis*, den Beitrag der vielen vortrefflichen Leute oder "preaclara Ingenia", "die mit ihren Schriften der zukünftigen Reformation Vorschub geleistet hatten, sodass wir auch diesen Ruhm mitnichten uns allein zuschreiben" dürfen (*Confessio*, Kapitel 7). Diese seien nun "die unverdrossenen rühmlichen Helden [gewesen], die mit aller Gewalt durch die Finsternuß und Barbareien hindurchgebrochen und uns schwächern schier nur nachzudrucken gelassen, und freylich der Spitz an dem *Trigono igneo* gewesen, dessen Flammen nun mehr je heller leuchtet und gewißlich der Welt den letzten Brand antzünden wird".

Über die konkreten Forschungsprojekte, die den Nachfolgern überlassen wurden und die sich in literarischer Gestalt realisieren ließen, ist in den Rosenkreuzer-Manifesten kaum noch die Rede: Erwähnenswert wären immerhin die Bereitstellung und Zubereitung "der magischen Sprache und Schrift" durch die ersten vier Ordensmitglieder, "mit einem weitleuffigen Vocabulario". Diese vier sollen auch "den ersten Theil des Buchs M." (oder Mysteriums, wie es im Ms. Salzburg heißt) gemacht haben, während der Nachfolger von Bruder I.O., ein in der Kabbala besonders gelehrter Mann, das *Büchlein H.* verfasste.

Von den anderen etlichen Büchlein, die laut der *Fama* "auß anleytung und befelch unserer *Rotae*" nach aussen "evulgiert" oder veröffentlicht worden waren, wird nur eines genannt: "die *M. Hoch.* (so an statt etlicher Haußsorge, von dem lieblichen M.P. gedichtet worden)". Bei solch einem Titel denkt man unweigerlich an die *Mystische* oder *Chymische Hochzeit Christiani Rosencreutz*, die der Verfasser Andreae ein oder zwei Jahre vor der Abfassung der Rosenkreuzer-Manifeste selbst gedichtet hatte.

Somit wären alle Bücher berücksichtigt, die in den Rosenkreuzer-Manifesten namentlich Erwähnung fanden und, neben vielen anderen ungenannten, die Hausbücherei der Fraternität ausmachten. Denn der Satz am Anfang der *Fama*, "man bleibt doch bey der alten Leyren und muß Bapst, Aristoteles und Galenus, ja was nur einem Codici gleich siehet, wider das helle offenbare Liecht gelten", bezieht sich auf keine konkreten Bücher, sondern auf die Gesamtheit des auf bloßen Büchern und papierenen Autoritäten aufgebauten Wissenschaftssystems, das nach Meinung vieler religiöser oder philosophischer Dissidenten jeglichen Fortschritt verhinderte. Somit trat Andreae in die Fußstapfen von Johann Arndt der in seiner *Oratio de antiqua philosophia* von 1580 den "papierenen Büchern und toten Buchstaben", sowie "der papierenen Erudition", "dieser wahrlich recht papierenen Zeit" einen erbitterten Kampf angesagt hatte.

Was die Kritik an den schlimmen alchemistischen Büchern betrifft, deren Verzeichnis zwar in der *Fama* wie auch in der *Confessio* angekündigt, dann aber nicht realisiert wurde, so hat sich Andreae besonders auf ein einziges Buch konzentriert und darüber in

Perlen vor die Schweine…

Die Titelseite der *Chymischen Hochzeit* hat ein lateinisches Motto: "Arcana publicata vilescunt: et gratiam prophanata amittunt. Ergo: ne margaritas obiice porcis, seu asino substerne rosas", auf Deutsch: "Enthüllte Geheimnisse werden wertlos und entweiht verlieren sie ihre Kraft. Daher: Werft keine Perlen vor die Schweine, noch Rosen vor die Esel." Die einführenden Worte dieses Mottos finden wir auch in Khunraths *Vom Hylealischen … Chaos* (1597), wo sie in einer zur Vorsicht mahnenden Randnotiz auftauchen (S. 32). Dies kann kaum ein Zufall sein: Es ist ein weiterer Hinweis, dass der Autor der *Chymischen Hochzeit* sehr vertraut war mit Khunraths Werk.

Chymische Hochzeit 1616

allen drei Rosenkreuzer-Manifesten ein vernichtendes Urteil gefällt: das *Amphitheatrum Sapientiae aeternae* von Heinrich Khunrath, "Ein Buch und Figuren in Contumeliam Gloriae Dei" (*Fama*); "das Schelmenbuch eines Gaucklers, Augenblenders und rechten Amphitheatralis Histrionis" (*Confessio*, c. 12); "ein falsch erdichtetes Buch" voll "mit Gottloser verführerischen Figuren" (*Chymische Hochzeit*). Manche Anhänger der Rosenkreuzer waren jedoch mit Andreaes hartem Urteil über das *Amphitheatrum* nicht einverstanden; sie eliminierten entweder – ab der zweiten Edition – kurzerhand den ganzen entsprechenden Passus aus dem Text der *Confessio* oder übernahmen provokativ die Texte Khunraths in ihre eigenen rosenkreuzerischen Verteidigungsschriften, wie dies besonders Julianus de Campis und Daniel Mögling machten.

Entgegen der Lehre in den ursprünglichen Rosenkreuzer-Manifesten werteten sie beide das "Parergon" (das sekundäre Werk), insbesondere des alchemistischen Werks, wieder auf und erhoben es auf die gleiche Stufe wie das "Ergon" (das primäre Werk) in der *Fama*. Dieser Gleichstellung widmete Mögling in seinem *Speculum Sophicum-Rhodostauroticum* von 1618 ein besonderes Kapitel ("Ergon et Parergon Fraternitatis typice adumbratae"). In der bekanntesten Abbildung aus diesem *Speculum* hat Mögling übrigens einen Blick in das Innere des Hauses Sancti Spiritus oder Collegium Fraternitatis ermöglicht; aber da sind lediglich die alchemischen Geräte aus Khunraths Laboratorium zu sehen, nicht aber Bücher.

Nach dem Erscheinen der Rosenkreuzer-Manifeste 1614-1615 und während der lebhaften Debatte rund um die Fraternität, die bis mindestens 1625 kaum an Intensität verlor, gab es viele unter den Teilnehmern, ob Befürworter oder Gegner, die sich für die Bücher in der unauffindbaren Residenz des Rosenkreuzerordens interessierten, sei es, um das Verzeichnis der dazugehörigen Bücher mit neuen Vorschlägen zu vervollständigen, sei es, um die bereits genannten Titel als ketzerisch und Teufelszeug zu diskreditieren.

Unter den Gegnern tat sich der Arzt und erzkonservative Alchemist Andreas Libavius hervor. Libavius hatte gerade 1613-1615 in zwei dicken Folianten eine scharfe Generalabrechnung mit all seinen vermeintlichen Gegnern aus dem Lager der Hermetiker und Paracelsisten veröffentlicht und konnte dem letzten Band noch rechtzeitig zwei

Appendices gegen die Rosenkreuzer anhängen. Der eine enthält eine detaillierte Widerlegung der *Fama* in Form eines minutiösen Kommentars (*De Philosophia harmonica Magica Fraternitatis de Rosea Cruce*); der andere betrifft die *Confessio* (*Analysis Confessionis Fraternitatis de Rosea Cruce*). Bereits in der ersten Schrift widmete er ein Kapitel den Denkmälern, Tafeln und Instrumenten der Fraternität (pp. 271-273), die er zunächst ironisch für das achte Weltwunder und für würdig eines Ritterromans wie des *Amadis* erklärt, dann aber als schlimmes Phantasieprodukt eines durch Hermetismus, Kabbala und Magie verdorbenen Haufens von Paracelsisten verdammt, die, statt des Heiligen Grabs Jesu zu Jerusalem, das Mausoleum eines

Wir Die Brüder Der Fraternitet deß R.
C. empieten allen und jeden so diße unsere Famam Christlicher mainung leßen, unßern grueß
liebe und gebett. Nach dem der allein Weiße
und Gnädige Gott In den lesten dagen seine gnad
und güte so reichlich über das menschliche geschlecht
auß gossen, Daß sich die Erkantnüß beeders seines Sohns und der Natur Je mehr und mehr er-
weitern, und wir uns billich einer glückseligen Zeit
rühmen mögen, Daher Er dan nit allein sehr das
halbe theil der Unbekanten und verborgenen Welt
erfunden, viel wunderliche und zuvor nie gesche-
hene werckh und geschöpff der natur, uns zu sehen
und dann hocherleuchte Ingenia auffstehen laßen
die zum theil die verunrainigte und unvolkomme
kunst widerumb zu recht brachten, Damit der mensch
der massen seinen Adel und herrligkait verstündte
welcher gestalt der Microcosmus, und wie weit seine
kunst In der Natur erstreckhe, Ob wohl mein auß
hiemit der Unbesunnenen welt wenig gedient,
und daß lästerns, lachens und spottens immer mehr ist,
auch bey den gelerten der stolz und ehrgeitz so hoch
daß sie nit mögen Zusammen tragen, und einhe-
lem so Gott In unserm Seculo mitheylet ungesäumt
Em Librum Naturæ oder Regulam aller künsten
zu laider zeit, Bleibt man doch bey den Alten ligen
und muß

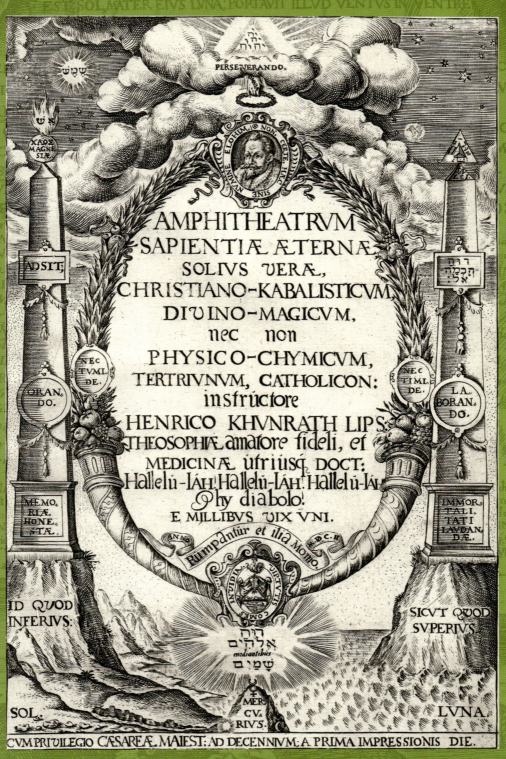

Khunrath, *Amphitheatrum* 1609

Menschen verehren, das nach dem Muster und Geschmack der arabischen Magier zu Damcar errichtet worden sei.

Anschließend geht Libavius zur Beschreibung der Bücher in der "Bibliotheca philosophica" der Bruderschaft über, angefangen vom *Liber Mundi*, das bis dahin, so Libavius ironisch, nur von dem "Pater de Rosea Cruce" und Paracelsus entschlüsselt und verstanden worden sei. Dem folgt der detaillierte Kommentar über sämtliche in der *Fama* erwähnte Bücher, wie das Buch der *Axiomata*, die *Mundi Rota*, den *Protheus* und den zweifachen *Mundi Codex*; denn als aufmerksamem Leser war Libavius nicht entgangen, dass der *Liber Mundi* zuerst in Damcar von dem Gründer des Ordens aus dem Arabischen übersetzt worden war und dann noch einmal von den Schülern selbst: "Sie machten auch den ersten Theil des Buchs M." In diesem zweiten Codex, "quem fratres composuerunt", soll, laut Libavius, der gleiche Spuk von Mathematik, Physik, Kabbala, Magie, Alchemie und derartigen Künsten enthalten sein, wie von einer "paracelsica societas" zu erwarten war, welche das "erkenne Dich selbst" als Grundfeste allen Wissens erklärt, anstatt sich nach den bewährten Autoritäten wie Aristoteles, Galen oder Plinius zu richten. Unter den übrigen Büchern der Rosenkreuzer-Bibliothek erwähnt Libavius ferner das *Itinerarium patris*, das ihm Gelegenheit bietet, über all die Erkenntnisse rabiat herzufallen, die der junge Ordensgründer aus seinen Reisen im Orient gewonnen haben soll und die, wiederum laut Libavius, in jenem *Büchlein T* enthalten seien, das bei der Eröffnung des Sarges der tote C.R.C. in den Händen hielt und bei der Schließung desselben auch dort zurückblieb. Dabei forderte Libavius die Brüder auf, "dieses und die anderen *mysticos libellos*" von Rosenkreuz auf den Markt zu bringen, wenngleich er der Überzeugung war, dass dies kaum nötig sei: Denn in anderen geheimen Schreinen bei Sancti Spiritus steckten bestimmt all die anderen, diesmal echten und sehr realen Bücher, aus denen die Fraternität ihr gesamtes Idearium entnommen hätte: Und diese waren, wie Libavius meinte:

> Die Bücher der Araber aus dem Osten und dem Westen, die Schriften des Paracelsus und von Agrippa von Nettesheim, die *Steganographia* des Trithemius, einige Schriften von Dorn und sonstigen Paracelsisten und Trithemisten; ferner die Bücher von den Magiern Arthephius und Techellus, von Postel und von dem aus London stammenden Autor der *Monas Hieroglyphica* (John Dee); auch die *Cabala Talmudica* und die *Magia* von Kabbalisten wie Pistorius und Pico della Mirandola, samt den Schriften von Iamblicus, Proclus und anderen Platonikern, darunter die gesamten Spekulationen eines Marsiglio Ficino.

Was der Möchtegern-Inquisitor Libavius von Plato hielt, wissen wir aus seinen *Variarum controversiarum* von 1600, in denen er den Philosophen aus Athen einen Magier schimpfte: "Magus fuit, quae laus inter Christianos est cruce et flammis digna" (dies ist eine Ehre, die bei uns Christen mit Schafott und Scheiterhaufen quittiert wird), Paracelsus und dessen Anhänger als Platoniker denunzierte ("Paracelsicos rectius voces Socraticos aut Platonicos") und sie alle insgesamt ebenfalls für Magier erklärte ("Nostra aetate qui Platonicus est, magus et supersticiosus est"). Inzwischen hatte aber Libavius seine Feder etwas moderater geführt, denn nun verlangte er nicht mehr die Todesstrafe für Platoniker und Paracelsisten, sondern begnügte sich mit der Vernichtung all ihrer Bücher: Solche Bücher dürfe man an den Universitäten nicht zulassen, sondern müsste sie vielmehr sämtlich verbrennen; denn die Chemie sei so weit fortgeschritten, dass sie ihrer nicht mehr bedürfe.

Zu den zu verbrennenden Büchern, die laut der eigenen Einschätzung ebenfalls in der Bibliothek der Fraternität anzutreffen wären, erwähnt Libavius noch ein *Grimorium* und das magische Buch *De numinibus evocandi* des legendären zweiten Königs zu Rom, Numa Pompilius, die vielen magischen Schriften König Salomons und die vielen anderen, die man sonst seit der Zerstörung der Bibliothek von Alexandrien für immer verloren glaubte. So der "Brief des Galen", ein satirischer Brief "aus der Hölle" geschrieben an Paracelsus, der bereits während dessen Lebzeiten erschienen war, oder die *Specula* des Trithemius, wo die Hexe von Endor die Toten wieder auferweckte. Besondere Erwähnung fand hier natürlich auch das von Libavius am schärfsten kritisierte Buch *Arbatel. De magia veterum*, da dieses sich sowohl auf Hermes Trismegistus wie auch auf Paracelsus beruft. Hier hört aber Libavius mit dem Aufzählen von Büchern ganz unerwartet auf und empfiehlt seinen Lesern, sich einfach die *Basilica Chymica* von Oswald Crollius (1609) oder die *Physica Hermetica* von Johannes Hartmann (1614) zu kaufen, um den ganzen Inhalt der im Bücherhaus der Fraternität enthaltenen Literatur in größter Konzentration zu finden: "Ornamento erunt vestrae Bibliothecae" (Sie werden die Zierden eurer Bibliothek sein).

Nicht nur die Gegner, sondern auch die Befürworter hatten Interpretationen und Vorschläge in Bezug auf die ideelle Bibliothek der Rosenkreuzer. Einer von diesen Befürwortern war Christoph Weickhart, der letzte Gehilfe von Valentin Weigel und Übersetzer einer unter der Flagge des Paracelsus zirkulierenden langen Version des Buchs *Arbatel*. In einer Flugschrift mit dem Titel *Geistlicher Discurs und Betrachtung was für eine Art der Liebe erfordert wird* (*Cimelia*, Nr. 157), die er unter dem Pseudonym Amandus Gratianus de Stellis 1618 in Oppenheim veröffentlichte, sprach er schon auf der ersten Seite von den Vorläufern der Bruderschaft oder, wie er es formuliert: "von dem uhralten Orden der hocherleuchteten Fraternität dess rechten, so viel bisshero praefigurirten Rosencreutzes". Das Buch entpuppte sich zwar bald als eine neue Auflage von einem alten Druck des Widertäufers Christian Entfelder von 1530; uns interessieren aber hier nur die letzten von Weickhart hinzugefügten Seiten mit der Empfehlung der Bücher, die er unbedingt den Rosenkreuzern zur Anschaffung und als Lektüre empfiehlt:

- Doctor Johann von Staupitz: Von der Liebe Gottes.
- Johann Arndt: Vom wahren Christhentumb.
- Valentin Wigelius: Varia.
- Johann Taulerus: Über die Evangelia.
- Johannes Taffin: Vom Buss und Verbesserung des Lebens.
- Johannes von Münster zu Vortlag: Evangelions predigten etc.

Diese und ähnliche Schriften, so schließt Weickhart seine Auflistung, "begreiffen unsterbliche Weisheiten" und führen schließlich "zu allen des rechten, warhafften obangedeuteten Rosencreutzes Geheimnussen", die "uber alle menschliche Kunst, Vernuft, Vermögen, Werck und Verdienen" stehen.

Im Jahre 1622 erschien in Frankfurt beim Verleger Lucas Jennis, der sich auf das Umfeld der rosenkreuzerischen Literatur spezialisiert hatte, ein zwar anonymes, aber literarisch hochwertiges *Colloquium Rhodostauroticum. Das ist: Gespräch dreyer Personen, von der vor wenig Jahren, durch die Famam et Confessionem etlicher massen geoffenbarten Fraternitet deß Rosen Creutzes*. Am *Colloquium* nehmen drei Gesprächspartner, "Tyrosophus", "Politicus" und "Quirinus" teil, wobei der erstere als Gastgeber und Gesprächsführer auftritt. "Politicus" übernimmt die Rolle des Kritikers, der auf alle

Ungereimtheiten und unerfüllten Versprechungen in den bisherigen Rosenkreuzer-Schriften hinweist. Am Schluss ändert "Politicus" seine Meinung, nachdem ihn der Gesprächsführer über die verlogenen Bücher des falschen Bruders mit dem doppelten Namen "Agnostus-Menapius" (d. h. Friedrich Grick) aufgeklärt und mit dem Hinweis auf die Rosenkreuz-Traktate von Molther, Maier und Mögling von den eigenen Vorstellungen über die Fraternität überzeugt hat. Der Gesprächsführer "Tyrosophus" tritt zwar nicht als Rosenkreuzer auf und ist nicht einmal ganz sicher, ob die Bruderschaft tatsächlich so existiert, wie sie sich in den "canonischen Schriften *Fama* und *Confessio*" selber ausgab. Aber er fügt gleich hinzu: "Ich glaube dennoch gleichwohl etwas daran". Grund dazu hätten ihm vor allem die guten Bücher gegeben, welche die Rosenkreuzer empfehlen und die Tyrosophus in einem Verzeichnis aufgelistet hatte. Die Copia des Catalogi, die nun folgt, lautet folgendermaßen:

- Thomas von Kempen, Nachfolgung Christi
- Aegidius Gutmann, Offenbarung Göttlicher Mayestet [Hanau, J.W. Däsch, 1619]
- Sebastian Franck, Von Baum des Wissens gutes und böses [Frankfurt: Lucas Jennis, 1619]
- Johann Arndt, Vom wahren Christenthum [Magdeburg, 1610; 1614 etc.]
- Martin Moller, Praxis Evangeliorum [Teil 1-5, Görlitz, 1601]Philosophia Mystica [mit Texten von Paracelsus and Weigel, Frankfurt: Lucas Jennis, 1618]
- Libellus Theosophiae [Frankfurt: Lucas Jennis, 1618]
- Paul Lautensack, Offenbahrung Jesu Christi [Frankfurt: Lucas Jennis, 1619]
- Paracelsus, Drey unterschiedliche Commentaren oder Tractat &c. [Frankfurt: Lucas Jennis, 1619]
- [Anonymus], Echo Fraternitatis R.C. [Danzig, A. Hünefeldt, 1615]
- [M.B.I.C.F.], Gloria Mundi, oder Paradeys Tafel [Frankfurt: Lucas Jennis, 1620])
- [Johann Siebmacher], Wasserstein der Weisen, [Frankfurt: Lucas Jennis, 1619]
- Testamenten der 12. Patriarchen, Jakobs Kinder [Zürich, Augustin Fries, 1549]
- Fama & Confessio Frat. R.C. item Sendbrieff Julianus de Campis, und Relation Georgii Molthers [Frankfurt: Johann Bringer & Johann Berner, 1617]
- [M.A.O.T.W.] Frater Crucis Rosatae [1617]
- [Daniel Mögling], Iesus nobis omnia! Rosa florescens, contra F.G. Menapi calumnias [Nürnberg, Simon Halbmayer 1617]
- [Vito del Capo dela bona speranza, pseud]. Crux absque Cruce [Nürnberg, Simon Halbmayer 1617]
- [Daniel Mögling], Speculum Sophicum Rhodo-Stauroticum [Frankfurt, Johann Theodor de Bry, 1618]
- [William Perkins], Zungenleiter [Zürich, Georg Hamberger, 1623]

Diese Liste von Büchern, die unser Tyrosophus als ziemlich übereinstimmend mit dem Vorhaben der Fraternität betrachtete, erlebte eine Erweiterung durch einen weiteren Teilnehmer an der Rosenkreuzer-Debatte. Dieser veröffentlichte im Jahr 1622 unter dem Pseudonym Benedictus Hilarion ein *Echo Colloqui Rhodostaurotici, das ist: Wider-Schall oder Antwort, auff das newlicher zeit außgegangene Gespräch Dreyer Persohnen, die Fraternitet vom RosenCreutz betreffendt*. Hilarion gab sich als Mitglied der Rosenkreuzerbruderschaft aus, der damit beschftigt sei, eine allgemeine Widerlegung aller Schriften anzufertigen, die zur Schmach der Bruderschaft seit 1614 veröffentlicht worden waren. Trotzdem wolle die Fraternität, so schloss Hilarion sein *Echo*, dem Verfasser des *Colloqium* zur Ergänzung des dort abgedruckten Katalogs noch einige prophetische Bücher empfehlen, damit er sich auf die neue Zeit besser vorbereite. Es folgt ein Verzeichnis von Prophetisch-politischen Büchern von Wilhelm Eo Neuheuser, Johannes Plaustrarius und anderen Autoren, die das baldige Anbrechen des Aureum Saeculum vorausgesagt hatten.

Um den Katalog im *Colloquium* zu vervollständigen, wurden folgende Werke aufgeführt:

- Johann Jacob von Wallhausen, Ritterkunst [Frankfurt, Lucas Jennis, 1616]
- Hildegard von Bingen, Prophetia oder Weissagung [o.O., o.D., 1620]
- Wilhelm Eo Neuheuser, Victoria Christianorum verissimorum Universalis ["Friedwegen, Samuel Ehehafft", 1618]
- Wilhelm Eo Neuheuser, Vaticinium Triuni-sonum ["Friedwegen, Samuel Ehehafft", 1619]
- Johannes von Liptitz, Mysteria Apocalyptica [o.O., 1621]
- Johannes Plaustrarius, Prognosticon oder Weissagung über diese jetzige Zeit [o.O., 1620]
- Johannes Plaustrarius, Wunder unnd Figurliche Offenbahrung [o.O., 1620]
- Paul Nagel, Prognosticon Astrologico-Harmonicum [Halle, Christoph Bismarck, 1620]
- Johann Lichtenberger, Das zwainzigste Capitel oder Weissagung [o.O., 1621]
- Johann Capistranus, Weissagung unnd Prophecey [o.O., 1619]
- Johann Carion; Theodoricus, Vaticinia postremi seculi duo [Darmstadt, Balthasar Hoffmann, 1619]

Sowohl das *Colloquium* wie das *Echo Colloquii* wurden auf Lateinisch übersetzt und als Anhang zu Michael Maiers *Tractatus Posthumus* von 1624 wiederum bei Lucas Jennis abgedruckt. Während aber die erste oben besprochene Bücherliste mit einigen Änderungen und Ergänzungen in der Ausgabe des *Colloquium* erhalten blieb, wurde die zweite Liste des Hilarion, aus welchen Gründen auch immer, nicht aufgenommen.

Die wirkliche Hausbücherei der Urheber der Rosenkreuzer-Manifeste

Bei den Büchern, deren Titel in den vorangegangenen Seiten erwähnt wurden, handelt es sich um

- imaginäre Bücher, deren Titel in der *Fama* und *der Confessio R.C.* ausdrücklich genannt werden,
- fiktive oder real existierende Bücher, die von den Gegnern, - zumeist ohne Grund - in Zusammenhang mit der Rosenkreuzer-Bewegung gebracht wurden, um sie zu diskreditieren,
- und Bücher, die vor oder auch nach 1614 auf dem Markt erhältlich waren und die, zumeist durch die Befürworter der Rosenkreuzer, als mit ihren Lehren verwandt angesehen wurden.

Inwieweit die Urheber solcher Verzeichnisse, wie im *Colloquium Rhodostauroticum* und im *Echo Colloquii,* im Recht waren oder nicht, wollen wir hier nicht untersuchen. Es ist aber offensichtlich, dass die in solchen "Wunschlisten" aufgeführten Titel bloß die

Damit aber / Günstiger Leser / nicht etliche Blätlein Papier ledig stünden: Als haben wir folgende Tractätlein anhero zuverzeichnen nicht vnterlassen können noch sollen.

Seyen demnach selbige fleissig durch zulesen dir hiermit Freund- vnd Brüderlichst commendirt.

1. Ritterkunst / darinnen / nechst einem trewhertzigē Warnung Schreibē / wegen deß betrübten zustands itziger Christenheit / alle Handgriff (so ein jeder Cavallirer hochnötigist zu wissen bedarff) fleissig beschrieben vnd vor diesem niemals an Tag gebē seind. Durch Joh. Jacobi von Walhausen in 4.

2. Prophetia oder Weissagung der Aptissin Hildegardis in 4.

3. Wilhelm Eo Newheusers Victoria Christianorum verissimorum Vniuersalis, Teutsch in 4.

4. Eiusdem Vaticiniū Trinvni-Ionum, Teutsch in 4.

5. Ioannis à Liptitz nobilis Silesii Mysteria Apocalyptica, Teutsch in 4.

6. Iohannis Plaustrarī Prognosticon Oder Weissagung vber das 1620. 21. 22. 23. 24. & 25. Jahr in 4.

7. Eiusdem Wunder vnnd Figurliche Offenbahrung in 4.

8. Prognosticon Astrologico-Harmonicum M. Pauli Nageli, Teutsch in 4.

9. Das zwaintzigste Capitel oder Weissagung Joh. Lichtenbergers in 4.

10. Johann Capistrani wolddenckwürdige Weissagung vnd Prophecey von den itzigen Laufften / vnnd sonderlich von den verlauffenen 1619. vnnd 1620. auch nachfolgenden 1621. 1622. vnd 1623. Jahren.

11. Vaticinia postremi seculi duo: 1. Doct. Ioh. Carionis. 2. Theodorici eines Barfüßfüsser Münchs / Teutsch / in 4.

religiöse Gesinnung und den kulturellen Hintergrund der Verfasser selbst widerspiegelten. Sie stimmten aber weder mit den innerhalb des Freundeskreises um Tobias Hess tatsächlich zirkulierenden Büchern noch mit deren inhaltlichen Tendenzen überein.

Zum Glück verfügen wir über mehrere historiographische Quellen aus erster Hand, die uns in die Bücherwelt der ersten Ideologen der Rosenkreuzer-Manifeste einführen. Dazu zählen die Tagebücher des Graecisten Martin Crusius (1526-1607), in denen oft von Tobias Hess und dessen publizistischen Plänen die Rede ist.

Wichtig sind auch die Archivdokumente in Tübingen und Stuttgart über die unterschiedlichen Konflikte von Hess, Andreae und deren engsten Freunden mit den Behörden von Kirche und Universität.

Den klarsten Einblick bieten uns drei besondere Quellen: In erster Linie muss das Bücherverzeichnis aus der Hinterlassenschaft von Tobias Hess (1614) genannt werden, das in dreifacher Ausführung erhalten ist (*Cimelia*, Nr. 43). Ferner sind noch zwei handschriftlichen Kataloge von der Bibliothek des Christoph Besold aus den Jahren 1631 und 1648 (*Cimelia*, Nr. 61) vorhanden. Darüber hinaus gibt es die Begleitliste der von Andreae 1647 nach Wolfenbüttel verkauften 700 Bücher (*Cimelia*, Nr. 59), die zumeist aus seiner Jugendzeit stammten und "da sie im Kirchturm gelagert waren, den Brand zu Calw von 1633 überstehen konnten.

Doch was am wichtigsten ist: In den Bibliotheken von Salzburg, Wolfenbüttel, Stuttgart und Linz existieren die meisten Exemplare selbst "und zwar "in natura". Mit ihren Besitzereinträgen, mit ihren zum Teil sehr ausführlichen Randbemerkungen, mit ihren Hinweisen und Unterstreichungen, erlauben sie dem heutigen Leser einen unmittelbaren Blick in die Gedankenwelt und die historischen Zusammenhänge, aus denen einst das Rosenkreuzertum entstanden ist. Aber gehen wir der Reihe nach:

Der Bücherschatz von Tobias Hess

Als Tobias Hess am 24. November 1614 in Tübingen starb, befanden sich bei ihm nur die etwa drei Dutzend Bücher, die seine Nachlassverwalter im Inventar seiner Güter verzeichneten. Diese Bücher gingen dann 1615 in den Besitz von Christoph Besold über (siehe *Johann Valentin Andreae 1586-1986*, S. 18-29). Offensichtlich hatte er schon früher andere Bücher aus der Bibliothek von Tobias Hess erworben, so z. B. ein *Oracolo della renovazione della chiesa* von Savonarola (Venedig 1553) oder eine Ausgabe von den *Tabularum duarum legis evangelicae, gratiae, spiritus et vitae libri quinque. Lucida explanatio super Alchoranum legis Sarracenorum* von Giovanni Leo Nardi (Basel 1553). Letzteres Buch wollte Hess 1604 durch Crusius ins Griechische übersetzen lassen, was aber die Universität Tübingen nicht zuließ. Das Buch von Savonarola befand sich ursprünglich in der Bibliothek des oben erwähnten Johann Fischart in Strassburg, dann im Besitz von Tobias Hess. Aus der Bibliothek von Tobias Hess stammt auch eine unbestimmte Anzahl von Büchern, die ein gemeinsamer Freund von Andreae und Besold 1614 in Tübingen erwarb ("Sum Caroli Christophori a Schallenberg, emi Tübingae 1614"), von denen aber bisher nur zwei identifiziert werden konnten: Johannes Reuchlin, *De verbo mirifico* (Tübingen 1514. Exemplar in Linz UB, Signatur: II-60131: "Sum ex libris Caroli Christophori a Schallenberg, emi Tubingae [ich kaufte es in Tübingen] 1614") und *De arte cabalistica* (Hagenau 1517; Exemplar in Linz UB, codex 494 (neu 323)). Besonders das zweite Buch enthält viele Randbemerkungen von der Hand des Tobias Hess, die eine intensive Beschäftigung mit der traditionellen Kabbala und nicht nur mit der paracelsischen Gabalia bezeugen (vgl. die Abbildung in dem BPH-Katalog von 2005, *Philosophia symbolica. Johann Reuchlin and the Kabbalah*, p. 10).

Von den Büchern des Paracelsus, Severinus, Siderokrates und Brocardo aus dem Besitz von Tobias Hess wurde bereits in *Johann Valentin Andreae 1586-1986* ausführlich berichtet. Es sei hier deshalb nur auf die zwei Exemplare der lateinischen Bibel verwiesen, die sogenannte Froschauer Bibel, gedruckt von Christoph Froschauer in Zürich 1543-1544, und die *Biblia Sacra* in der Übersetzung von Sebastian Castellio (Basel 1573). Auf dem Vorderblatt der letzteren findet sich aus Besolds Hand eine begeisterte Stellungnahme zu Castellio, die bezeichnend ist für die unkonventionelle und freie geistige Haltung der Tübinger Freunde:

> 1615 ATS - CTC Inter paucos Libros, quos Vir incomparabilis D. Thobias Hess, reliquit moriens, et vivus charos habebat, vel primum facile obtinet locum Bibliorum hocce opus vere pii et eruditi viri Sebastiani Castellionis.
> (Unter den wenigen Büchern, die der unvergleichliche Mann, Tobias Hess, bei seinem Tode hinterließ und die ihm, als er noch lebte, am liebsten gewesen waren, nahm dieses Buch den ersten Platz ein: nämlich die Bibelübersetzung des wirklich frommen und gelehrten Sebastian Castello).

Auf die vielen und auch längeren chiliastischen und naometrischen Randbemerkungen, die Tobias Hess auf fast jeder Seite dieser beiden Bibelexemplare angebracht hat, wollen wir hier nicht eingehen. Aber eine dieser Anmerkungen verdient es, hervorgehoben zu werden, denn ausgerechnet sie lieferte den Stoff für das erste von Johann Valentin Andreae veröffentlichte Buch.

Zu der Stelle 4 Esdra, 45-46 über den Prophetensohn *Jesreel* und "*den sieben Tagen, darinnen heimlich eingeschlossen [sind] alle Zeiten und vollendet die gantze Erschöpffung (Schöpfung)*", stellte Tobias Hess in seinem Exemplar der Froschauer-Bibel folgende Berechnung auf:

Harschareth i. e. mons ministerii seu montosa regio, in qua cultus DEI institutus et observatus est.

```
1 2 |9| 6 0
|1| 8 5 |1|      8 5
|3| 7 0 |3|     1 2 0
|7| 4 0 |6|     2 4 0
                4 9 0
```

Hess hat sich übrigens kaum für ein bestimmtes, konkretes Jahr entschieden; die Blattränder in seinen zwei Bibelexemplaren sind voll solcher Berechnungen, die alle auf die Jahre um 1620-1623 deuten. In diesen Jahren sollte der Beginn des Goldenen Zeitalters stattfinden, aber für alle Fälle hielt Hess vorsorglich auch andere Daten für möglich! Auf diese chiliastische Berechnung seines Meisters Tobias Hess griff Andreae wohl zurück, als er 1608-1609 ein durch und durch chiliastisches Gedicht schrieb (es war die Zeit, als beide der "Societas christiana" oder "intimum amoris foedus" in Tübingen angehörten.) Dieses Gedicht mit 63 siebenzeiligen Strophen, das beide Freunde kurz darauf heimlich aus einer (Tübinger?) Presse herausgaben, trug den Titel: *Ein sehr tröstlich Lied: Von Jesreel dem Sohn Hoseae des Propheten welchen er gezeuget, auff des Herrn Befehl vom Huren Weib Gomer: Gedichtet in regione Harschareth [...] bey dem Bronnen Rehoboth, under*

Crollius, *Basilica chymica* [1623]

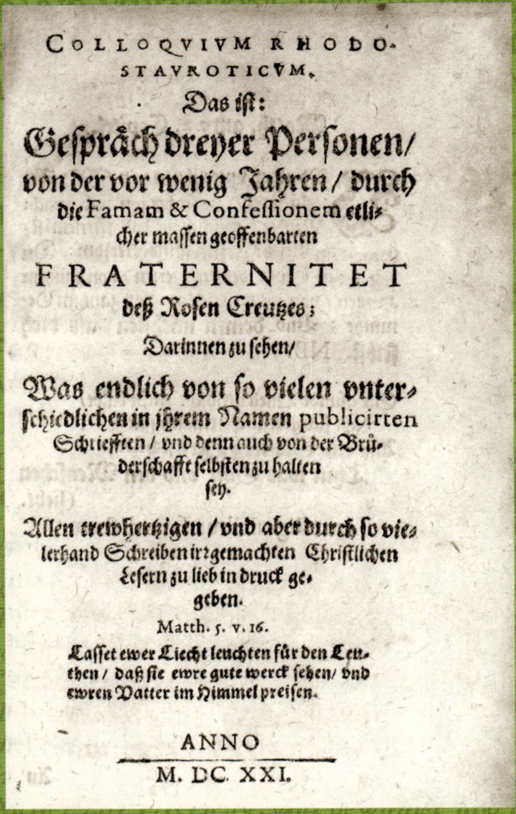

COLLOQVIVM RHODO-
STAVROTICVM.

Das ist:
Gespräch dreyer Personen/
von der vor wenig Jahren/ durch
die Famam & Confessionem etlicher massen geoffenbarten

FRATERNITET
deß Rosen Creutzes;

Darinnen zu sehen/
Was endlich von so vielen vnter-
schiedlichen in jhrem Namen publicirten
Schrifften/ vnd denn auch von der Brüderschafft selbsten zu halten
sey.

Allen trewherzigen/ vnd aber durch so vie-
lerhand Schreiben irzgemachten Christlichen
Lesern zu lieb in druck ge-
geben.

Matth. 5. v. 16.
Lasset ewer Liecht leuchten für den Leu-
then/ daß sie ewre gute werck sehen/ vnd
ewren Vatter im Himmel preisen.

ANNO
M. DC. XXI.

Colloquium Rhodo-Stauroticum 1621

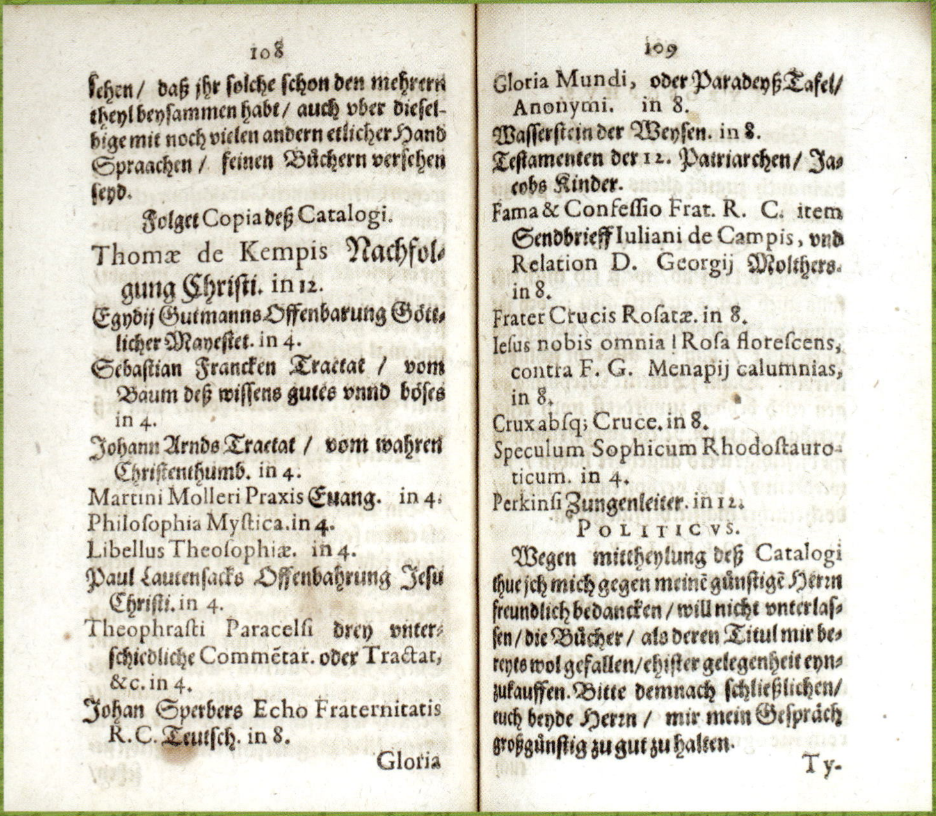

108

sehen/ daß ihr solche schon den mehrern
theyl beysammen habt/ auch vber diesel-
bige mit noch vielen andern etlicher Hand
Spraachen/ seinen Büchern versehen
seyd.

Folget Copia deß Catalogi.
Thomæ de Kempis Nachfol-
gung Christi. in 12.
Egydij Gutmanns Offenbahrung Gött-
licher Mayestet. in 4.
Sebastian Francken Tractat/ vom
Baum deß wissens gutes vnnd böses
in 4.
Johann Arnds Tractat/ vom wahren
Christenthumb. in 4.
Martini Molleri Praxis Evang. in 4.
Philosophia Mystica. in 4.
Libellus Theosophiæ. in 4.
Paul Lautensacks Offenbahrung Jesu
Christi. in 4.
Theophrasti Paracelsi drey vnter-
schiedliche Commetar. oder Tractat,
&c. in 4.
Johan Sperbers Echo Fraternitatis
R. C. Teutsch. in 8.

Gloria

109

Gloria Mundi, oder Paradeyß Tafel/
Anonymi. in 8.
Wasserstein der Weysen. in 8.
Testamenten der 12. Patriarchen/ Ja-
cobs Kinder.
Fama & Confessio Frat. R. C. item
Sendbrieff Iuliani de Campis, vnd
Relation D. Georgij Molthers.
in 8.
Frater Crucis Rosatæ. in 8.
Iesus nobis omnia! Rosa florescens,
contra F. G. Menapij calumnias,
in 8.
Crux absq; Cruce. in 8.
Speculum Sophicum Rhodostauro-
ticum. in 4.
Perkinsi Zungenleiter. in 12.

POLITICVS.

Wegen mittheylung deß Catalogi
thue ich mich gegen meine günstige Herrn
freundlich bedancken/ will nicht vnterlas-
sen/ die Bücher/ als deren Titul mir be-
reyts wol gefallen/ ehister gelegenheit eyn-
zukauffen. Bitte demnach schließlichen/
euch beyde Herrn/ mir mein Gespräch
großgünstig zu gut zu halten.

Ty-

Colloquium Rhodo-Stauroticum 1621

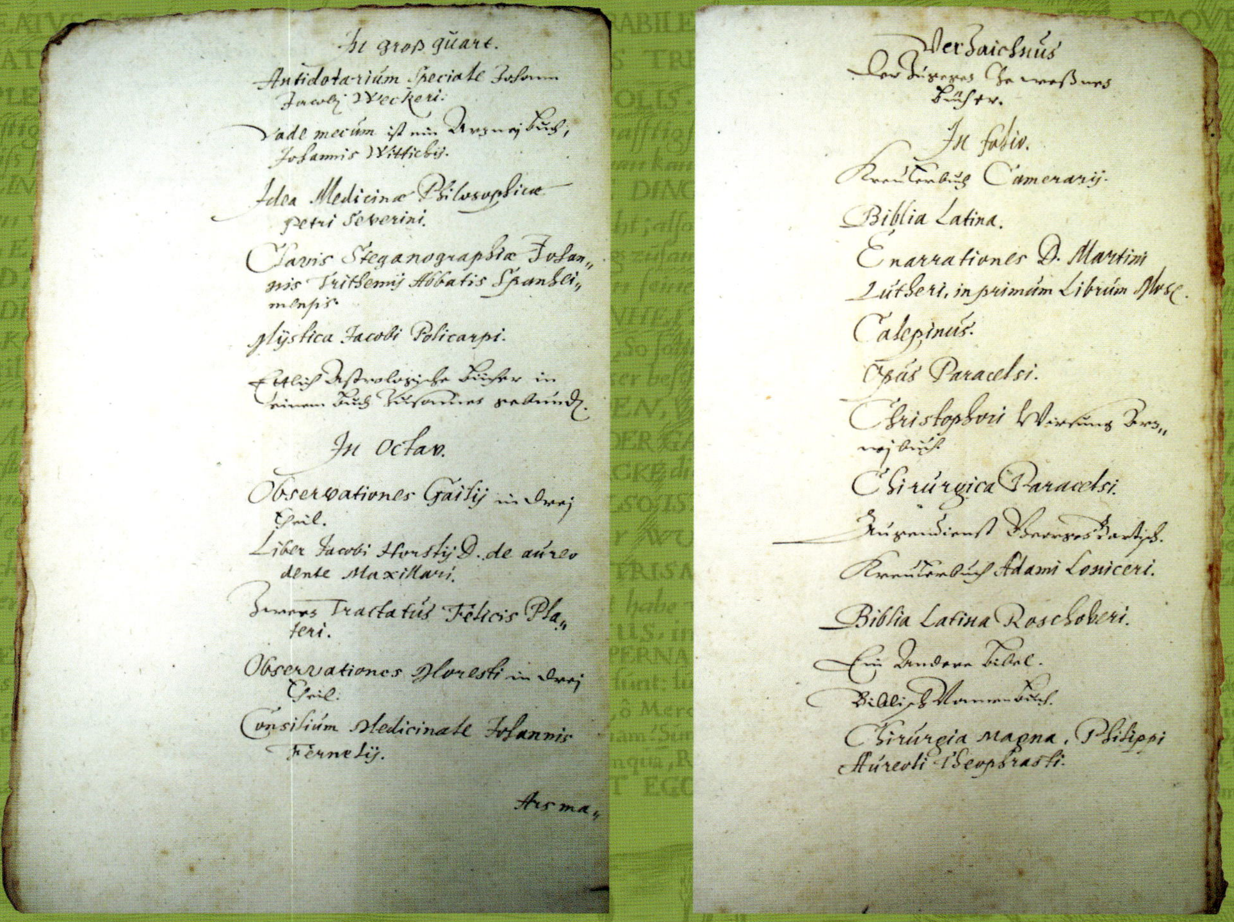

In gross quart.
Antidotarium speciale Johann Jacobi Weckeri.
Vade mecum [illegible] Johannis Wittichii.
Idea Medicinae Philosophicae Petri Severini.
Clavis Steganographiae Johannis Tritthemii Abbatis Spanheimensis.
Mystica Jacobi Policarpi.
[illegible]
In Octav.
Observationes Gailij in [illegible] Theil.
Liber Jacobi Horstij D. de aureo dente Maxillari.
[illegible] Tractatus Felicis Plateri.
Observationes Floresti in drej Theil.
Consilium Medicinale Johannis Fernelij.
Arsma,

Verzaichnus der [illegible] Bücher.
In folio.
Kreutterbuch Camerarij.
Biblia Latina.
Enarrationes D. Martini Lutheri, in primum Librum Mose.
Calepinus.
Opus Paracelsi.
Christophori Wirsung Artzney buch.
Chirurgica Paracelsi.
[illegible]
Kreutterbuch Adami Loniceri.
Biblia Latina Roscheri.
[illegible]
[illegible]
Chirurgia magna Philippi Aureoli Theophrasti.

Hess, Inventar seiner Bibliothek 1614

'Unter dem Schatten deiner Flügel…'

'Sub umbra alarum tuarum': Das gleichnishaft gebrauchte Bild der Schutz gewährenden Flügel tritt in der Bibel mehrfach auf. In der Form dieses Zitats wird es erstmals in Psalm 17, 8 verwendet. Dort heißt es: "Behüte mich wie einen Augapfel im Auge, beschirme mich unter dem Schatten deiner Flügel". Sie sind zugleich die letzten Wörter der *Fama Fraternitatis*. Sowohl Daniel Mögling als Robert Fludd bezogen sich auf diesen Satz, wie in diesem Kupferstich aus Fludds *Utriusque cosmi … historia* deutlich zu sehen ist. Im Fall Möglings ist es eine bewusste Anspielung (es war auch sein persönlicher Leibspruch); was Fludd betrifft, so muss der Kupferstich, den er diesem Satz, 'Unter den Schatten deiner Flügeln, Jehova' gewidmet, nachträglich in Auftrag gegeben worden sein, weil er sonst immer behauptet, er hätte seine Werke bereits geschrieben, bevor ihm die Manifeste der Rosenkreuzer bekannt wurden. Ist es dennoch ein absichtlicher Wink an die Rosenkreuzer?

dem Schatten Kikaion: im Auszgang der Gefengnus Babylon Das einzige heute erhaltene Exemplar dieses *Liedes von Jesreel* (in der Herzog-August-Bibliothek in Wolfenbüttel; das Exemplar ist auch digitalisiert abrufbar) stammt aus der Bibliothek von Andreae selbst; von seiner Hand rühren auch sämtliche Autorenkorrekturen im Text, während die Kryptogramme (für "1614" und "1617") auf dem Titelblatt von der Hand des Tobias Hess stammen. Wie wir sahen, hat Andreae sich später von den mystischen Zeitberechnungen und biblischen Zahlenspielereien seines Freundes deutlich distanziert.

Als er 1647 die Liste der Bücher aufstellte, die er an seinen Freund Herzog August von Braunschweig nach Wolfenbüttel verkaufte, verzeichnete er eben dieses *Lied von Jesreel* als ein anonymes "poema aenigmaticum", so wie er auch die ebenfalls von ihm verfasste *Chymische Hochzeit* als anonymes Buch beschrieb. Immerhin schrieb er auf dem Vorderblatt des *Lied von Jesreel* seinen vollen Namen als Besitzer, was er aber für das Exemplar der *Chymische Hochzeit* offensichtlich nicht tat, sodass Letzteres aus der herzoglichen Bibliothek irgendwann verschwand und durch den späteren Bibliothekar Leibniz ersetzt werden musste.

Die Bibliotheken von Johann Valentin Andreae

Andreae war mit seiner Bibliothek kein Glück beschieden. Seit seiner frühesten Jugend hatte er Bücher gesammelt, und als er 1614 in Vaihingen berufen wurde, besaß er bereits eine umfangreiche und wertvolle Bibliothek. Einen Teil seiner Bücher verlor er 1618 während des zweiten Stadtbrands, aber nicht durch das Feuer, das sein Haus halb zerstörte, sondern durch Plünderer, die von dem entstandenen Chaos und von Andreaes Abwesenheit profitierten. Die große Katastrophe traf ihn jedoch im August 1634, als die Kaiserlichen Truppen die Stadt Calw in Brand setzten und Andreae den größten Teil seiner Bibliothek ("quae 3000 partibus constabat") verlor. Zu den Verlusten zählten auch wertvolle Originalarbeiten ("autopoea") von Cranach, Holbein, Bocksberg und Dürer ("ein Marien bild von Ölfarben, Albrecht Dürers aigener hand, auf 200 Reichsthaler geachtet"); auch Andreaes Sammlung von musikalischen, mathematischen und besonders kunstvollen mechanischen Instrumenten, Automaten, Uhren, Gemälden, Holzfiguren, Kupferstichen und Holzschnitten ging dabei verloren. Am meisten schmerzte Andreae der Verlust der eigenen Manuskripte ("8 tomi in folio zw[...] v. hand dicht gebunden gewesen") und auch des handschriftlichen Nachlasses seines Großvaters Jakob Andreae (24 Bände, worunter sich viele Briefe von Melanchthon, Calvin, Farel und Fagius befanden samt den Protokollen sämtlicher Religionsgespräche, die Jakob Andreae mit Katholiken, Calvinisten, Wiedertäufern oder Antitrinitariern wie Matteo Gribaldi geführt hatte).

Das Einzige, was Andreae erhalten blieb, war der Teil seiner Bibliothek, der sich während der Brände im Dachgewölbe der Kirche befand. Da aber sein Sohn Gottlieb für diese Bücher und insbesondere für die vielen fremdsprachigen Theaterstücke kaum Interesse zeigte, bot Andreae 1647 seinem Mäzen Herzog August 700 seiner Bücher zum Kauf an. Er verpackte sie in drei mit den Buchstaben A, B und C markierte Kisten und schickte sie nach Wolfenbüttel. Zur besseren Kontrolle der Sendung fertigte Andreae ein Verzeichnis an und vermerkte am Rand Anzahl und Format der Bücher, die sich in jeder Kiste befanden.

Die Bibliothek von Christoph Besold

Die berühmte Bibliothek von Christoph Besold, die der junge Andreae so eifrig benutzt hatte, wurde bekanntlich 1649 für die Benediktineruniversität zu Salzburg gekauft und bildete somit den Grundstock zur heutigen Universitätsbibliothek. Besold selbst hatte den Katalog seiner Bibliothek angelegt; dieser befand sich noch bis etwa 1885 in der Königlichen Bibliothek in Stuttgart, wurde dann 1887 von einem Münchner Antiquar nach Paris verkauft und schließlich 1899 der Harvard College Library geschenkt. Es gibt ein Exemplar von diesem Katalog in Salzburg; Dabei handelt es sich um eine in Eile angefertigte Kopie des Harvard-Exemplars, die 1648 beim Verkauf der Bibliothek revidiert und mit zusätzlichen Formatangaben versehen wurde. Demnach umfasste die Buchsammlung Besolds damals die stattliche Zahl von beinahe 4000 Drucken und Manuskripten, wovon etwa 3800 nach Salzburg gelangt sind. (Von den verbleibenden 200 Büchern ist allerdings ein Buch in der BPH gelandet: Taulers *Predig*, Basel 1521).

Die Bücher waren wie folgt eingeteilt: Philosophie und Philologie 611; Medizin und Naturwissenschaften 162; Geschichte und Geographie 555; spanische, italienische und französische Literatur 426; katholische Theologie 426; lutherische, calvinistische und "häretische" Bücher 488; orientalische Sprachen 101; Jurisprudenz 740; politische Werke 304. Besold hatte alle seine Bücher eigenhändig gekennzeichnet; auf dem rechten Vorsatzblatt jedes Bandes ist außer dem Namen auch die Devise Besolds zu lesen: ATS-CTC (Abrenuntio Tibi Satana - Coniungor Tibi Christe); darunter steht das Jahr, in dem das Buch erworben wurde und fast immer noch ein Spruch in allen möglichen Sprachen mit Bezug auf den Inhalt. Der Erwerb durch die Salzburger Benediktineruniversität war für die Büchersammlung Besolds im Ganzen gesehen ein Glück. Denn anders als in den übrigen katholischen Hochschulen, wo die meisten "verbotenen" Bücher dem Säuberungsdiktat der römischen Indexkongregation zum Opfer fielen, standen in den Regalen der Salzburger Universitätsbibliothek in friedlicher Eintracht nicht nur katholische, lutherische und calvinistische Werke, sondern in großer Anzahl auch die Bücher, die bei allen drei etablierten Konfessionen als besonders ketzerisch galten: Caspar Schwenckfeld, Valentin Krautwald, Sebastian Franck, Sebastian Castellio, Dirck Coornhert, Jacob Acontius, Francesco Pucci, Fausto Sozzini, Conrad Vorstius, Lucilio Vanini, Giacomo Brocardo, Giordano Bruno, Valentin Weigel, Paracelsus sowie zahlreiche theosophische und rosenkreuzerische Werke.

Zurück zu den Quellen

Es ist schier ein Ding der Unmöglichkeit, hier und jetzt auf all diese und etwaige sonstige Bücher einzugehen, die bei der Entstehung der rosenkreuzerischen Gedankenwelt tatsächlich eine mehr oder minder wichtige Rolle gespielt haben. Doch ohne Kenntnis der Existenz dieser bibliographischen Schätze, die heute noch vorhanden sind und hoffentlich auch via Internet allmählich zugänglich gemacht werden, würden wir weiterhin im gleichen Dunkel tappen wie die Zeitgenossen von Andreae und Hess. Auch viele spätere Historiker der Rosenkreuzer, ließen sich eher von den eigenen Vorstellungen und Vorurteilen leiten, anstatt auf die Quellen zurückzugreifen. Für uns ist heute das Studium dieser Quellen von außerordentlicher Wichtigkeit, gewährt es doch den Zugang zum historischen Kontext und einen lebendigen Einblick in die kaum imaginäre, sondern sehr reale Bücherwelt der europäischen Reformbewegung, die sich selber den Namen Fraternität des löblichen Ordens des Rosenkreuzes gab.

Teil II

Die **Botschaft** der Rosenkreuzer-Manifeste in der **Bildsprache** des 17. Jahrhundert

Im frühen siebzehnten Jahrhundert erschien in Deutschland eine außergewöhnliche Serie von Kupferstichen. Sie waren in den Werken verschiedener Autoren enthalten: wie denen von Heinrich Khunrath, Daniel Mögling, Stephan Michelspacher, Robert Fludd und Michael Maier. Die Bücher selbst wurden an verschiedenen Orten veröffentlicht: in Hanau, Frankfurt, Augsburg und Oppenheim. Der größere Teil dieser Bilder war das Werk eines Mannes, Matthäus Merian der Ältere, einem Kupferstecher, der von 1616-1620 für den Verleger Johann Theodor de Bry in Oppenheim arbeitete. Die anderen Kupferstecher waren Paulus van der Doort (Khunrath) und Raphael Custodis (Michelspacher). Fünf Autoren, drei Kupferstecher: Was jedoch all diese Stiche eint, ist ein gemeinsames Weltbild, eines, das den Makrokosmos, den Mikrokosmos und die Verbindung zwischen beiden zeigt, eine Verbindung, die vom göttlichen Schöpfer geschmiedet wurde. Dieses Weltbild, das im wesentlichen christlich-hermetisch geprägt war, inspirierte auch die Rosenkreuzer-Manifeste, die, beginnend mit der *Fama Fraternitatis,* in den Jahren 1614-1616 veröffentlicht wurden. Die Tatsache, dass der größte Teil der Stiche in den Jahren 1616-1618, also nach der Veröffentlichung der Rosenkreuzer-Manifeste herauskam, ist sicherlich kein Zufall: Tatsächlich wurde das prächtig bebilderte Werk des Daniel Mögling, *Speculum Sophicum Rhodo-Stauroticum*, oft auch "viertes Rosenkreuzer-Manifest" genannt, da der Einfluss der Rosenkreuzer-Bruderschaft offensichtlich war. Drei der anderen Autoren, Fludd, Maier und Michelspacher, waren Fürsprecher der Rosenkreuzer-Bruderschaft. Aber auch das einzige Werk, das vor 1614 veröffentlicht wurde, Khunraths *Amphitheatrum Sapientiae Aeternae,* übermittelt die gleiche Botschaft wie die anderen Werke.

Der hinter dieser Bildersymbolik wirkende Impuls und die in den Rosenkreuzer-Manifesten transportierte Botschaft sind sehr eng mit dem Werk von Hermes Trismegistos verbunden, dem legendären Weisen, der in der Renaissance eine "Wiederbelebung" durch die Übersetzung des heute bekannten *Corpus Hermeticum* erfuhr.

Licht und Leben

> Dies sollt Ihr wissen: dass in Euch, die ihr seht und hört, das Wort Gottes ist, aber Euer Verstand ist Gott, der Vater. Sie sind nicht voneinander getrennt, weil ihre Einheit das Leben ist.
> Hermes Trismegistos, *Poimandres* (*Corpus Hermeticum* I)

Die Reaktion auf die Hermetischen Texte, wie sie in der Renaissance Verbreitung fanden, kann als epochal bezeichnet werden. Die christliche Welt sah sich plötzlich konfrontiert mit einer zweiten göttlichen Offenbarung, die klarer war als die Bibel. Für viele war dies eine willkommene Bekräftigung der Wahrheit, die schon im Alten Testament geoffenbart wurde. Für andere jedoch, die sich über die Begrenzungen des "sola scriptura" hinauswagten und das Corpus Hermeticum studierten, bot sich ein fruchtbarer Boden für tiefgreifende philosophische und theologische Spekulationen über den Platz, den der Mensch in der Welt einnimmt, seine Beziehung zu Gott und das Verhältnis zwischen Makrokosmos und dem Menschen als Mikrokosmos.

Dieser Impuls muss wahrhaft gewaltig gewesen sein. Das *Corpus Hermeticum* wurde "wiederentdeckt" und vor der Reformation, aus dem Griechischen ins Lateinische übersetzt. Die erste Ausgabe erschien 1471 unter dem Titel *Liber de potestate et sapientia Dei*. Als weitere Ausgaben des *Corpus Hermeticum* im sechzehnten Jahrhundert veröffentlicht wurden, formulierte man im Zuge der Reformationen von Luther und Calvin die fünf "solae" in Opposition zu den Lehren ihres größten Gegners, der römisch-katholischen Kirche: "sola scriptura", nur durch das geschriebene Wort, "sola fide", nur durch den Glauben, "sola gratia", nur durch die Gnade, "solo Christo", durch Christus allein, und "soli Deo gloria", Gott allein die Ehre. Während wenige Christen den beiden letztgenannten widersprechen würden, hat das Beharren auf der Aussage, dass die Bibel das einzige inspirierte und genehmigte Wort Gottes ist, tatsächlich jegliche Anerkennung und Akzeptanz von außerbiblischen Quellen und der in ihnen enthaltenen Weisheit verhindert. Die Betonung der Sündhaftigkeit der Natur des Menschen, seiner Unfähigkeit, sich über seine eigene angeborene Unzulänglichkeit zu erheben, und seiner völligen Abhängigkeit von der göttlichen Gnade in Bezug auf seine Rettung war so konträr zu dem Geist der ersten Abhandlung des *Corpus Hermeticum*, dass es leicht einzusehen ist, warum Sebastian Franck, der "der Apostel der inneren Religion" genannt wurde, ausrief (in gedruckter Form, für jeden lesbar in *Die Guldin Arche*, erstmals 1538 veröffentlicht), dass er *Poimandres* gelesen hat:

> ... mit Erstaunen und habe solches nicht bei Plato oder einem anderen Philosophen gefunden. Er birgt alles in sich, das ein Christ wissen muss, so meisterhaft beschrieben, wie es Moses oder ein anderer Prophet getan hat.

Was war es, das Sebastian Franck (1499-ca. 1543) so ansprechend fand? Wahrscheinlich war es vor allem die Positivität der hermetischen Philosophie. Nehmen wir zum Beispiel diesen Abschnitt aus der ersten Abhandlung des *Corpus Hermeticum*, in welchem Poimandres, das "Gemüt, das aus sich seiende Wesen" Hermes lehrt:

> Leben und Licht sind Gott und Vater, von dem der Mensch ins Leben kam. So Du denn verstehst, dass Du aus Licht und Leben gemacht bist und von ihnen abstammst, kannst Du dich dem Leben auch wieder nähern.

Leben und Licht! Was für ein Kontrast zu Tod und Dunkelheit, die Girolamo Zanchi (1516-1590, Mitbegründer der reformierten Orthodoxie und nachhaltig von den Lehren Calvins beeinflusst) der Gemeinschaft der - protestantischen - Gläubigen entgegenhält:

> Obwohl Gott beschlossen hat, jeden, den er will, in der spirituellen Dunkelheit und in der Todesnatur, aus der er ihn nicht notwendigerweise herausholen muss, zurückzulassen, verurteilt er nicht absolut einen jeglichen von ihnen lediglich, weil er sie nicht auserwählt hat, sondern weil sie gegen ihn gesündigt haben.

Im *Corpus Hemeticum* wird jedoch das Ignorieren Gottes als das größte Übel der Menschheit bezeichnet - eine Ignoranz, die der Mensch durch Selbsterkenntnis beseitigen kann. Poimandres bekräftigt, dass die menschliche Natur göttlich ist und als solche gekennzeichnet ist durch Licht und Leben, nicht aber von Dunkelheit und Tod. In diesem Sinne kann die hermetische Philosophie beinahe als "Befreiungstheologie" bezeichnet werden: Sobald der Mensch sich selbst erkennt als ein Wesen, das aus Gott ist, wird er dem Leben wieder zurückgegeben. Und so fährt Poimandres fort: "Aus diesem Grunde ist der Mensch, im Gegensatz zu jeglichem anderen Ding auf der Erde, zweifach - sterblich dem Körper nach, jedoch unsterblich dem eigentlichen Wesen nach."

Trismegistos Germanus und Alchemie, die Kunst der Künste

Eine treibende Kraft in der Geschichte von Medizin, Wissenschaft und Theologie war Paracelsus, dessen Nähe zum hermetischen Gedankengut hinreichend bekannt war, obwohl er sich in seinen Werken selten ausdrücklich auf Hermes bezog. Er wurde "Trismegistus Germanus", der deutsche Hermes, "Hermes secundus", der zweite Hermes, oder "Mercurius redivivus", wiedergeborener Hermes, genannt. Dass er gewissermaßen mit Hermes "verschwistert" wurde, ist nicht unberechtigt - dank ihm erfuhr der Hermetismus eine weitaus größere Verbreitung in deutschsprachigen als in anderen Ländern. So wie niemand vor ihm hat Paracelsus den Zusammenhang zwischen Makrokosmos und Mikrokosmos aufgezeigt oder in den Worten der berühmten *Tabula Smaragdina*: "Wie oben, so unten." Paracelsus schrieb über die Geheimnisse der Natur, er sah die biblische Offenbarung im Buch der Natur niedergeschrieben. Natürlich war er nicht der Erste, der das Geheiligte inmitten der göttlichen Schöpfung sah. Schon der Apostel Paulus wies seine Mitchristen auf das Buch der Natur als zweite Offenbarung neben der Schriftensammlung hin:

> Seit der Erschaffung der Welt sind seine unsichtbaren Eigenschaften deutlich sichtbar und gehen aus seinen Werken hervor. (Römer 1:20)

Weil die Schöpfung als Beweis der göttlichen Weisheit galt, wurde das Forschen im Buch der Natur (in der Sprache der Alchemie: "Tauch in das Innere der Erde und Du wirst den Stein der Weisen finden") zu einer geheiligten Handlung. Sogar Luther bestätigte die Wissenschaft der Alchemie und erwähnte sie in seinen *Tischreden* (erstmals veröffentlicht in 1566) als "die natürliche Philosophie der alten Weisen". Aber er benutzte besonders die alchemische Bildsprache in Bezug auf der Auferstehung nach dem jüngsten Gericht: Wie das Feuer im Ofen des Alchemisten das Reine vom Unreinen trennt, sagte er, so wird Gott am Tag des Gerichts die Gottesfürchtigen von den Gottlosen trennen.

Für Paracelsus und seine Nachfolger, einschließlich der Rosenkreuzer, war das Nachforschen im Buch der Natur gleichbedeutend mit dem Erlösen und Perfektionieren der Natur. Durch die Teilhabe am Prozess der Erlösung und der Vollendung der Natur erlöste und wandelte sich der Alchemist auch selbst und beteiligte sich so an dem großartigem Streben, der "Heilung des Kosmos". In diesem Sinne versprach ein Paracelsianer wie Heinrich Khunrath seinen Mitchristen, die Natur in ihren einstmaligen Zustand zurückzuführen.

Obwohl die *Tabula Smaragdina* mit ihrem wachrüttelnden Spruch "Wie oben, so unten" normalerweise als hermetisch-alchemischer Text par excellence betrachtet wird, finden sich auch im folgenden Abschnitt vom Hermetischen *Asclepius alchemische Auffassungen*:

> Der Mensch ist ein großes Wunder, ein Lebewesen, das Verehrung und Anerkennung verdient. Den der Mensch geht in die Natur Gottes über, als ob er selbst Gott wäre ( ) Er bebaut die Erde, mischt sich mit den Elementen dank der Schnelligkeit seines Denkens, mit seiner Denkkraft steigt er in die Tiefe des Meeres hinaub. Alles steht ihm frei: nicht scheint der Himmel unerreichbar hoch; gleichsam aus nächster Nähe durchmißt er ihn mit seinem Scharfsinn; sein geistiges Streben verwirrt kein trüber Nebel in der Luft; nicht

behindert die Dichte der Erde sein Bemühen; nicht schwächt die gewaltige Tiefe des Wassers seinen Blick hinab.

Kein Wunder, dass der oben genannte Sebastian Franck, der als ein Zeitgenosse von Paracelsus dessen anti-dogmatischen religiösen Anschauungen teilte, sowohl das *Corpus Hermeticum* und den *Asclepius* als ein Werk feierte, das

> weit mehr lebendiges Lernen enthält, als die äußere Hülle, Schale und Erscheinungsform der Buchstaben auf den ersten Blick erkennen lassen; es sind nicht die Seitenzahl oder die Größe der Bücher, die ihren Reichtum ausmachen, dieser liegt eher in der Geradlinigkeit der Sätze, in der Geisteskraft, die sich in ihnen zeigt.

Eine neue Reformation

Es ist dieses lebendige Lernen, das Tobias Hess, die große inspirierende Kraft hinter der Bruderschaft des Rosenkreuzes, erkannt und praktiziert haben muss. Wie bereits erwähnt, sorgten sich die Theologen der Universität Tübingen wegen Hess" Paracelsistischen und chiliastischen Tendenzen. Sie zensierten ihn sogar und drohten, ihn hinauszuwerfen. Wie viele seiner spirituellen Zeitgenossen, einschließlich seines Freundes Simon Studion, erwartete Hess ein "tertio saeculo", ein Goldenes Zeitalter, das dem zweiten Erscheinen des Christus vorausgehen würde. Es ging Hess darum, eine "spirituelle Erneuerung" in Gang zu setzen, eine Reformation der ganzen Welt - was auch gleichzeitig Ziel der Rosenkreuzer-Manifeste war. Einer der Hauptautoren der Rosenkreuzer-Manifeste, Johann Valentin Andreae, war mindestens bis 1613 ein Chiliast. Zu dieser Zeit zirkulierten die *Fama* und die *Confessio Fraternitatis* schon als Manuskript. Der Zweck der Rosenkreuzer-Manifeste war es, das Potenzial des Menschen als ein göttliches Wesen zu realisieren, und zwar nicht als kraftlose Kreatur, schwer beladen mit der Ursünde und unfähig, seine sündige Natur zu überwinden, es sei denn mit Gottes Hilfe, sondern als ein fähiges Wesen, das in Harmonie mit der göttlichen Welt stehend an der Erlösung der natürlichen Welt mitarbeitet. Diese Welt als sichtbarer Ausdruck des Göttlichen will entdeckt werden als eine Welt voller Möglichkeiten, als eine offene und keine geschlossene Welt. Die Botschaft der Rosenkreuzer-Manifeste war es deshalb, die natürliche Welt zu umarmen, und durch ihre Erforschung das göttliche Potenzial in der Natur und im Menschen zu erfassen, um so eine innere, nicht veräußerlichte Religion zu praktizieren, eine Religion, die den Bund zwischen Mikrokosmos und Makrokosmos bestätigt.

Diese Nachricht, als Teil der umfangreichen hermetischen Tradition, wurde der Menschheit in einer Anzahl von außergewöhnlichen Arbeiten vor Augen geführt, die innerhalb einer kurzen Zeit (1616-1618) veröffentlicht wurden. Sie boten dem Betrachter ein Zuhause und wiesen ihn unmittelbar auf die Kanäle hin, durch die die göttliche Welt mit dem Menschen kommunizierte (siehe Robert Fludds "Bild vom spirituellen Gehirn"); sie zeigten des Menschen Platz in der Welt (siehe Daniel Möglings "Ergon und Parergon"), das Objekt des alchemischen Prozesses, in dem es um die Rückkehr zu Gott geht (siehe Michael Maiers Emblem XXI), die Position des Alchemisten als jemand, der hilft, die Natur zu perfektionieren (siehe Heinrich Khunraths "Oratorium-Laboratorium") und Alchemie als ein himmlischer Spiegel (siehe Stephan Michelspachers "Spiegel der Kunst und der Natur"). "Als dann ist nichts so klein in der Natur verborgen, es würt offenbar", wie es Michelspacher versprach. Es galt, eine ganze Welt der Entsprechungen zu erforschen, und dazu lud die Bildersymbolik den Betrachter ein.

Im Gefolge der Rosenkreuzerbruderschaft: Geheime Figuren

Im achtzehnten Jahrhundert erschien eine weitere Serie außergewöhnlicher Bilder, zunächst als Manuskript und später in gedruckter Form: *Geheime Figuren der Rosenkreuzer*, ein Kompendium theosophischer und kosmologischer Bilder, die 1785-1788 in Altona veröffentlicht wurden. Dieses Werk kann man als den Höhepunkt einer visuellen Tradition sehen, die im frühen siebzehnten Jahrhundert begann und fast zwei Jahrhunderte später offensichtlich nichts von ihrer Anziehungskraft verloren hatte. Wie der Titel des Werkes andeutet, ist dieses Kompendium von Bildern ausdrücklich mit der Rosenkreuzer-Bruderschaft verbunden, die als Bewegung im frühen siebzehnten Jahrhundert ins Leben gerufen wurde mit - in den Worten von Daniel Mögling - dem Zweck:

> diene Gott und Deinen Mitmenschen nach den Kräften Deiner Möglichkeiten, entdecke die Natur und nutze ihre Geheimnisse zugunsten der christlichen Welt und verherrliche den Namen Gottes. Sie wissen, versuchen und wollen nichts anderes.

Fludd, *De supernaturali ... microcosmi historia* 1619

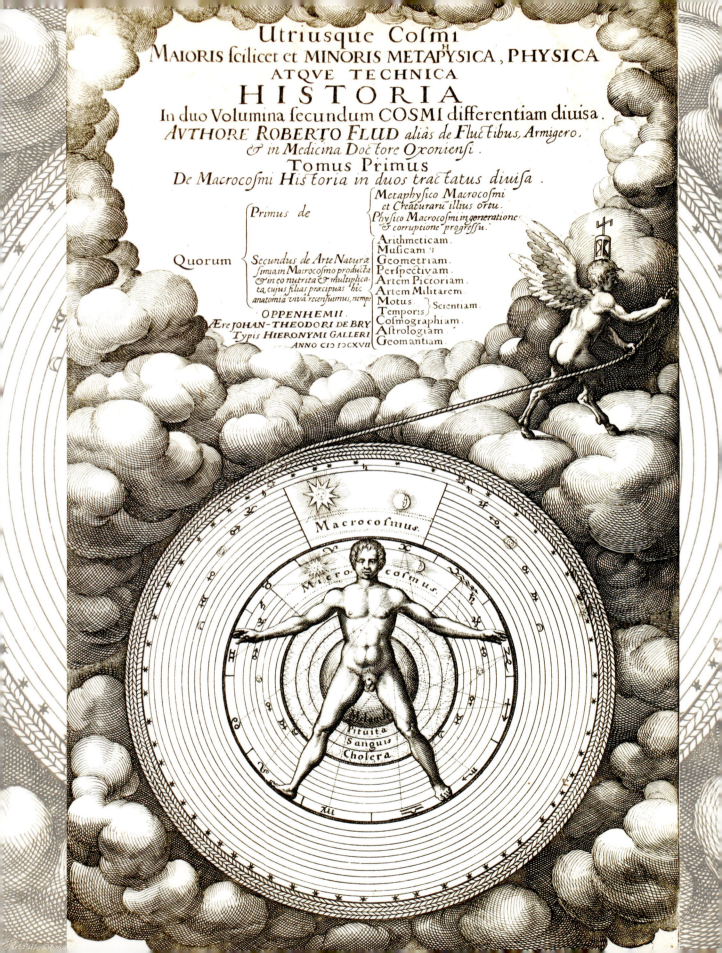

Matthäus Merian der Ältere: Die richtige Adresse für Alchemisten, Hermetisten und Rosenkreuzer

Matthäus Merian (1593-1650) wurde bereits vorher erwähnt als Künstler, der die Stiche in Maiers *Atalanta fugiens* - und in vielen anderen seiner Werke - sowie in Fludds mehrbändigem *Utriusque cosmi historia* anfertigte. In beiden Fällen wurden die Werke vom gleichen Verleger herausgegeben: Johann Theodor de Bry (1561-1623). Merian war im Jahr 1616 als Kupferstecher in De Brys Dienste eingetreten; ein Jahr später heiratete er die Tochter seines Arbeitgebers. Im Jahr 1609 war die calvinistische Familie de Bry von Frankfurt, einer Lutherischen Stadt, nach Oppenheim, einer Stadt südlich von Frankfurt, gezogen. Die Entfernung zwischen den beiden Orten betrug weniger als 40 Kilometer. Oppenheim war ein bekannter Zufluchtsort für religiöse Flüchtlinge, die sich in einem Bezirk der Stadt, der "Welschdorf" hieß ("Welsch" bedeutet: Fremder), ansiedelten. Nachdem er vier Jahre für De Bry gearbeitet hatte, beschloss Merian, ein unabhängiger Künstler zu werden. Mit seiner jungen Familie kehrte er in seine Heimatstadt Basel zurück, wo er ein eigenes Verlagshaus gründete, das mehr als 90 Werke herausbrachte. Fünf Jahre später, nach dem Tod seines Schwiegervaters, verließ er auf Bitten seiner Schwiegermutter Basel wieder, um die Firma, die mittlerweile wieder nach Frankfurt gezogen war, zu übernehmen.

Merian ist wahrscheinlich bestens bekannt für seine topographischen Arbeiten: akkurate und detaillierte Stadtansichten der Schweiz, wo er geboren wurde, und von Gebieten des Heiligen Römischen Reiches. Schaut man sich die Bücher von Fludd und Maier an, die von ihm illustriert wurden, wird es jedoch ersichtlich, dass Merian nicht nur ein brillianter Kupferstecher war, sondern jemand, der mehr als ein vorübergehendes Interesse an Wissen von alchemischen und hermetischen Dingen hatte; er war jemand, dessen Werk tief in seinen spirituellen christlichen Ansichten verankert war. Er war bekennender Weigelianer, was bedeutet, dass er die religiösen Ansichten von Valentin Weigel (1533-1588), dem Reformer, teilte, der seinerseits inspiriert war vom Spiritualismus des Caspar Schwenckfeld (1489-1561).

Merian glaubte, dass die etablierte Kirche wirklich überflüssig sei, weil jeder Mensch in sich einen "göttlichen Funken" trägt. Dogmen, Sakramente, sogar die Heiligen Schriften würden in der Tat der individuellen Erleuchtung im Wege stehen: Die persönliche Verbindung mit Gott sei wichtiger als jeglicher kodifizierter religiöser Ritus. Er schrieb lange Briefe über diese Angelegenheiten an seine Freunde; es scheint, dass er ebenso viel Zeit mit religiösen Themen wie mit seinen Aktivitäten als Kupferstecher verbracht hat. Wie viele Spirituelle war Merian ein gesetzestreuer Bürger und akzeptierte das Diktat der weltlichen Herrscher. Seine persönlichen Ansichten blieben den Briefen vorbehalten, die er stets sorgfältig versiegelte.

Hinsichtlich Merians Vertrautheit mit den christlich-hermetischen Weltsichten und seinem persönlichen Interesse stellt sich die Frage, ob er auch der Kupferstecher der vier Stiche in Möglings *Speculum*, einschließlich des ikonischen Collegium Fraternitatis, war. Diese vier Kupferstiche waren nicht signiert und sind somit nicht einmal in den offiziellen Merian Bibliographien unter den ihm zugeschriebenen Werke aufgeführt. Ein Experte der Geschichte der Rosenkreuzer-Bruderschaft jedoch, Carlos Gilly, ist auf eindeutige Hinweise

Fludd, *Utriusque cosmi … historia* 1617

gestoßen, dass diese Kupferstiche - die gravierte Titelseite und die drei Stiche - tatsächlich das Werk Merians waren.

Seine detektivische Arbeit brachte starke "Indizien" zutage, weil Möglings Werk, das unter einem Pseudonym und ohne den Namen des Druckers oder Herausgebers im Impressum erschien, im Katalog der Bücher angekündigt wurde, die anlässlich der Frankfurter Buchmesse im Herbst 1618 zum Verkauf angeboten wurden. Dieser Katalog enthält aber den Namen des Verlegers, nämlich Johann Theodor de Bry, für welchen Merian zu dieser Zeit arbeitete. Im Herbst 1617, als De Bry noch in Oppenheim ansässig war, war Mögling in Frankfurt. Dies wissen wir aus dem Kolophon eines seiner anderen Werke, *Rosa florescens.* Er war also nahe genug, um Merian gebeten zu haben, die Stiche für sein nächstes Werk anzufertigen und den Inhalt der Bilder, die engen Bezug zum Text haben, zu diskutieren. Dass De Bry der Herausgeber von Möglings *Speculum* war, ist eine neue und gewichtige Tatsache; und dass Merian der Kupferstecher der Bilder war, ist im Hinblick auf seine Arbeitsbeziehung mit De Bry sehr wahrscheinlich.

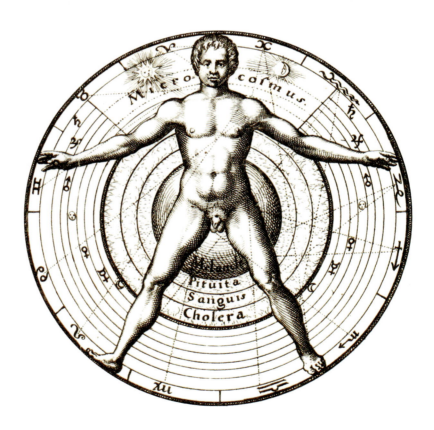

Heinrich Khunrath

Die Hauptquelle für Khunraths Leben ist das, was er uns selbst im *Amphitheatrum* und anderen Werken mitteilt, so zum Beispiel in *Vom hylealischen Chaos*. Khunrath (1560-1605) wurde wahrscheinlich in Leipzig geboren. Schon im Alter von fünfzehn Jahren zog es ihn zu Studium und Praxis der Alchemie "in officino Vulcani", in die Vulkanwerkstatt, wie er sie poetisch genannt hat. Alchemie war eine teure Angelegenheit, jedoch hatte Khunrath offensichtlich die finanziellen Möglichkeiten, um in der Vulkanwerkstatt zu praktizieren. Begierig las er auch die Werke von Theosophen, Kabbalisten, Magiern und Physik-Chymisten - zweifellos die Werke von Paracelsus und seinen Nachfolgern, mit Sicherheit auch die Werke von Johannes Reuchlin. Er kopierte Trithemius" berühmten Katalog der Magie, *Antipalus maleficiorum* und scheint selbst ein wunderschönes alchemisches Manuskript mit vielen farbigen Bildern produziert zu haben, welches leider nicht mehr vorhanden ist. Er unternahm weite Reisen, traf Leute jeder Art, besuchte Bibliotheken, Museen und Laboratorien berühmter Menschen. Auch war er selbst ein

Sammler, der seltsame und exotische Objekte, Bilder und Manuskripte anhäufte. Er war Absolvent der Medizinischen Fakultät der Universität Basel, wo er seine Doktorarbeit über die "Signatur der natürlichen Dinge" - ein ausgesprochen Paracelsistisches Thema - schrieb. Am 3. September 1588 erwarb er - sowohl praktisch als auch theoretisch - seinen Abschluss in Medizin. Khunrath muss eine Weile in Bremen gelebt haben, da er den großen Renaissance Magier John Dee dort 1589 getroffen hat, ein Treffen, das Dee kurz in seinem Tagebuch erwähnte: "6. Juni, Dr. Kenrich Khanradt aus Hamburg besuchte mich." Später war er als Arzt aktiv: in Prag um 1593, in Hamburg bis 1597, Magdeburg ab 1598, in Berlin und Dresden. In Prag trat er in die Dienste von Graf Vílem z Rožmberka zu Třebon und Prag und wurde dessen Leibarzt mit einem Jahresgehalt von 200 Talern. Er besaß auch drei Pferde und konnte sich auf die Dienste von vier Dienern verlassen. Während er in Hamburg als Mediziner praktizierte, gab er seinem Freund Johann Grasse, Autor von alchemischen und magischen Werken, ein "sigillum Hermetis", ein hermetisches Siegel, wahrscheinlich ein magisches Diagramm. Unter seinen vielen Briefpartnern war der lutherische Pastor Johann Arndt (1555-1621), der der Meinung war, dass Bilder göttliche Geschenke seien, die durch Träume und Prophetie zum Menschen kämen, und dass sie die ersten Hieroglyphen der Weisheit enthüllten, die Gott in der Natur verborgen hat. Arndt lieferte auch eine Erklärung (*Iudicium*) zu den vier runden Tafeln des *Amphitheatrums*, welche aufgenommen wurden in Khunraths *De igne magorum*. Khunraths *Amphitheatrum*, aufgenommen wurden, das erstmals 1595 in Hamburg erschien und von dem nur noch fünf komplette Exemplare existieren. Diese Ausgabe enthält nur die vier runden Stiche, die in zwei von den erhaltenen Exemplaren mit der Hand koloriert sind. Als Khunrath am 9. September 1605 starb, betraute er seinen Freund, den Herausgeber Erasmus Wolfart, mit der Aufgabe, dafür zu sorgen, dass die erweiterte Ausgabe seines Werkes in Druck ginge.

Heinrich Khunrath: Porträt des Autors als Theosoph
Als schließlich Khunraths *Amphitheatrum sapientiae aeternae* 1609 in einer erweiterten Ausgabe in Druck ging, war ein Porträt des 42-jährigen Autors beigefügt, in welchem Khunrath sich selbst beschrieb als "Heinrich Khunrath aus Leipzig, treuer Verehrer der Theosophie und Doktor der praktischen und theoretischen Medizin". Dieses Porträt wurde graviert von Johann Diricks van Campen, der auch die fünf rechteckigen Kupferstiche für die zweite Ausgabe des *Amphitheatrum* schuf. Heinrich Khunrath wollte, dass er so porträtiert wurde: mit seinem Hund (auch ein gebräuchliches Symbol für Treue) an seiner Seite, in seiner rechten Hand ein Zirkel, der - fertig zum Gebrauch - über einem Blatt Papier schwebt, auf dem zwei Worte geschrieben stehen: "Deo duce" - Gott zeigt den Weg. Mit seiner linken Hand scheint er auf sich selbst zu zeigen: Die Geste lässt darauf schließen, dass Gott Khunrath den Weg zeigt. Sowohl Heinrich als auch sein kleiner Hund schauen uns, die Betrachter, an und lassen uns an diesem innigen Moment teilhaben: Wir werden in die Welt des Autors hineingezogen. Vor Khunrath liegt ein Psalmenbuch, aufgeschlagen bei Psalm 71, Vers 17: "Gott, du hast mich von Jugend auf gelehret, darum verkündige ich deine Wunder". In gewisser Weise ist es das, worum es im *Amphitheatrum sapientiae aeternae*, diesem Amphitheater oder Schauplatz Ewiger Weisheit, geht: Es ist die jubelnde Verkündigung der göttlichen Schöpfung und des Menschen Platz in ihr. Auf der linken Seite, unter dem Oval mit dem Porträt, liegen eine Anzahl Bücher oder Zweige des Wissens, die für Khunrath wesentlich waren, als da sind: "Alchymia", "Magia", "Kabala", "Historia", "Biblia", wobei die Bibel als Fundament der anderen dargestellt wird. Auf Khunraths rechter Seite werden die Werkzeuge des alchemischen Labors sowie

alchemische Behälter gezeigt. In der oberen rechten Ecke finden sich die Worte "sufficiat tibi gratia mea" eingraviert unter dem Tetragrammaton, יהוה: "Meine Gnade soll Dir genügen." Diese Worte sind dem 2. Korintherbrief, Vers 12 entnommen, in dem der Apostel Paulus davon Zeugnis ablegt, wie Gott ihn davor bewahrt hat, unangemessen stolz darauf zu sein, Visionen und Offenbarungen erhalten zu haben:

> Und damit ich mich wegen der hohen Offenbarungen nicht überhebe, ist mir gegeben ein Pfahl ins Fleisch, nämlich des Satans Engel, der mich mit Fäusten schlagen soll, damit ich mich nicht überhebe. Seinetwegen habe ich drei Mal zum Herrn gefleht, dass Satans Engel von mir weiche. Und der Herr hat zu mir gesagt: Lass dir an meiner Gnade genügen; denn meine Kraft ist in den Schwachen mächtig.

Hat Khunrath hier auf die Offenbarungen hingewiesen, die er selbst empfangen hatte? Die Kupferstiche, einschließlich der gestochenen Titelseite laden den Leser oder Beobachter ein, sich in "genauem Lesen" zu üben, und es kann sein, dass Paulus' Worte auf der Titelseite somit die Erfahrungen wiedergeben sollten, die Khunrath selbst gemacht hatte.

Unterhalb des Porträts von Khunrath befindet sich die akrostichische Aussprache des Wortes "Consilium Dei" oder Rat Gottes. Der Lobpreis stammt von Andreas Riccius von Hilperhausen in Hessen, einem der wenigen offenen Unterstützer Khunraths in der Lutherischen Orthodoxie. Wenig ist bekannt von Riccius, außer dass er ein "Lehrer" aus Hessen war, der im Jahr 1600 einen Abschluss in Philosophie der Universität Wittenberg erworben hatte. Er war auch ein Freund von Khunrath, wie sich der Theosoph in seinem Werk *Vom hylealischen Chaos* selbst bezeichnete. Das akrostichische Consilium Dei, ist gleichzeitig ein Wortspiel mit Khunraths Namen. Das Wort "Rath" bedeutet im Deutschen "consilium", wie in einer der Zeilen des Gedichtes zu lesen ist: "Magnus Consilio, celebraret Dona Iehovae" – Khunrath war ein guter Ratgeber und zelebrierte die Gaben des Herrn.

Kabbala, Magie und Alchemie: Die drei wesentlichen Teile des Amphitheatrum Sapientiae Aeternae

Das *Amphitheatrum* ist in erster Linie ein visuelles Medium, ein wirkliches Amphitheater - ein Ort, an dem man die Schöpfung im Rund schaut und feiert. Khunrath, der selbst ein sehr geschickter Zeichner war, entwarf alle die Bilder, die dann von Hans Vredeman de Vries gezeichnet und von Paulus van der Doort gestochen wurden, wie Khunrath selbst in seinem Werk *Vom hylealischen Chaos* erklärt hat.

Es war Khunraths frühester "Rezensent", der lutherische Theologe Johannes Arndt, der feststellte, dass das *Amphitheatrum* die drei Hauptsäulen der paracelsistischen Naturphilosophie in Bildform darstellt: Christliche Kabbala, Alchemie und Magie. Khunrath bezeichnete sich in dem von Johan Diricks van Campen gestochenen Porträt sowie in den meisten anderen Kupferstichen des *Amphitheatrum* selbst als wahrer Verehrer der Theosophie. Als treuer Theosoph wollte Khunrath seinen Lesern den Weg zum Wissen Gottes durch das Erforschen der Geheimnisse der Natur weisen - es war der gleiche Drang, der auch die Rosenkreuzer-Bruderschaft motivierte. Theosophie, ein griechisches Wort, wurde normalerweise wie folgt ins Lateinische übertragen: "sapientia divina", göttliche Weisheit; sie wurde im sechzehnten Jahrhundert immer mit Paracelsus in Zusammenhang gebracht. Auch Arndt benutzte das Wort "Theosophie"; er rief seine Zeitgenossen auf, die "Papierstudien" hinter sich zu lassen und sich stattdessen um die Erforschung der "lebenden Bücher" zu kümmern, nämlich um das Wort Gottes und die Natur.

Khunraths Kabbala war nicht die hebräische Kabbala, wie sie es für Johannes Reuchlin, den christlichen Kabbalisten war, den Khunrath sehr bewunderte und auf den er auch in seinen Kupferstichen anspielte. In der Nachfolge von Paracelsus bezog sich Khunraths Verständnis der Kabbala auf die natur-magische Anwendung, obwohl seine *Amphitheatrum*-Kupferstiche übersät sind mit hebräischen Worten und Konzepten wie z. B. die *Sefirot*. In diesem Sinne beschreibt auch Martinus Rulandus (1532-1602), ein deutscher Arzt und Alchemist, der ein Lexikon der Alchemie zusammenstellte und paracelsistisches Vokabular erklärte, das 1612 posthum veröffentlicht wurde, die Kabbala:

> Cabala, cabalia (...) ist eine sehr geheime Wissenschaft, der man nachsagt, sie sei Moses in göttlicher Weise zugleich mit dem geschriebenen Gesetz übertragen worden; sie bringt uns die Lehre von Messias, dem Gott; sie begründet das Band der Freundschaft zwischen Engeln und den Menschen, die darin unterwiesen wurden; und sie eröffnet uns das Wissen über alle natürlichen Dinge. Sie erleuchtet auch den Verstand mit einem göttlichen Licht. (...) Deshalb ist diese Kunst für manche Menschen nicht etwa Torheit, sondern eine wahre und himmlische Wissenschaft durch die Theophrastus [Paracelsus], wie er uns selbst erzählt, durch Gottes Gnade seine eigene Lehre entwickelt hat.

Khunrath betrachtete die Magie als natürliche und göttliche Wissenschaft, die den Menschen in die Lage versetzt zu verstehen, wie das Universum funktioniert und wie der Austausch zwischen dem, was oben und dem, was unten ist, sich selbst manifestiert. Durch das Verstehen der kosmischen Prozesse wäre es demnach möglich, diese zu beeinflussen. In der Renaissance wurde die Magie als Mittel wiederentdeckt, um in Kontakt mit der übersinnlichen Welt zu kommen. Martinus Rulandus erklärte Magie folgendermaßen:

> ... ein persisches Wort; im Lateinischen ist es Sapientia, d.h. Weisheit. Sie ist von zweifacher Art. Die erste ist natürlich und durchlässig, die Mutter der wahren Medizin, die geheime Überlieferung der Natur, verborgen und heimlich in jedem Mittelpunkt vorhanden, ist sie, verglichen mit der menschlichen Vernunft, reine Dummheit. (...) Sie ist wirklich ein Geschenk Gottes, das uns das Wissen der überirdischen Dinge darlegt, und nicht von der dämonischen Inspiration kommt, worin keine Vollkommenheit oder Anweisung ist. Die andere Magie ist ungesetzlich, abergläubig und wird von der gesamten christlichen Kirche verboten.

Khunrath empfand die Alchemie als wertvollstes Mittel, die Natur als Werk Gottes zu erforschen und die Verbindungen zwischen Mikrokosmos und Makrokosmos zu untersuchen. Schon in jungen Jahren praktizierte er Alchemie und wurde anschließend paracelsistischer Arzt, etwas, das er mit der inspirierenden Kraft des "Tübinger Kreises" um Tobias Hess gemeinsam hatte. Die Arbeit der "Physik-Chymisten", ein Wort, das auch auf der programmatisch eingravierten Titelseite der Ausgabe von 1609 erschien, nannte er "vere Sapientium", Arbeit der wirklich Weisen. Alchemie war keine Kunst, die an Universitäten gelehrt wurde, wie Khunrath im *Amphitheatrum* darlegt:

> Der mindeste Teil dieser Dinge (das ist die Alchemie) wird weder gelehrt noch gelernt in den Universitäten der Akademiker. Wir sollten in der Universität Gottes, peripatetisch, d. h. circumambulatorisch studieren und lernen. Dies ist die wunderbare Methode oder die Art und Weise, in welcher der glorienvolle Gott mir diese Dinge gegeben hat.

Mit seinem Beharren auf der "Erfahrung durch Erleben" ging er völlig konform mit den Prinzipien der Rosenkreuzer-Bruderschaft.

Visuelle und textliche Oden an den Schöpfer und seine Schöpfung: Die vier runden Kupferstiche des Amphitheatrum (1595)

Die vier Kupferstiche der Ausgabe des *Amphitheatrum* des Jahres 1595 stellen eine Mischung von Text und Bildern dar. Es gibt eine absolute Interaktion zwischen beiden:

Das eine kann nicht ohne das andere interpretiert werden, es handelt sich um "Iconotexte". Die im Text der Kupferstiche verwendeten Sprachen sind Hebräisch, Latein, Griechisch und Deutsch: Dies bedeutet unvermeidlich, dass die Bilder nur von einer gelehrten Öffentlichkeit verstanden werden konnten. Aufgrund ihrer Beschaffenheit, ihrer Texte und Bilder waren sie auch nicht für die durchschnittlich gebildete Öffentlichkeit bestimmt: Sie konnten gelesen werden, waren jedoch nicht selbsterklärend, dessen war sich Khunrath bewusst. Die Stiche waren für den Sucher nach wahrer Weisheit gedacht, und um sie zu lesen, benötigte der Student die Hilfe eines "theosophischen Instruktors", der ihm dabei behilflich sein sollte. Dennoch, ohne direkte und persönliche göttliche Inspiration, die kein Instruktor beisteuern konnte, war es demnach unmöglich, zur Kernaussage dieser Kupferstiche durchzudringen. Khunrath benutzte das Wort "Amphitheatrum" immer wohlüberlegt: Es ging ihm darum, den Schauplatz ewiger Weisheit darzustellen, den Ort, wo etwas offenbar wird, nämlich die Beziehung zwischen Gott und Mensch. Nie zuvor war etwas von solcher Komplexität in Angriff genommen worden. Alle vier Stiche zeigen die gleiche Inschrift:

Heinrich Khunrath, Verehrer der Theosophie und Doktor der Medizin, Erfinder [d.h. der Stiche] durch die Gnade Gottes. Paullus van der Doort [aus] Antwerpen gravierte [diese Bilder] in Hamburg, im Jahr 1595 nach Christi Geburt, im Monat April (Mai, Juli, September).

Der vierte Kupferstich zeigt auch ein Bekenntnis zu Hans Vredeman de Vries, dem niederländischen Architekten und Zeichner, der das perspektivische Schema des Oratoriums und des Laboratoriums zeichnete. Nur fünf Exemplare sind von der Ausgabe des *Amphitheatrum* des Jahres 1595 erhalten geblieben. Eine von ihnen ist eine Kopie des Manuskripts, angefertigt von Johann Friedrich Jung, dem ersten Herausgeber von Johann Valentin Andreaes *Chymische Hochzeit*, dem dritten Rosenkreuzermanifest. Diese vier Kupferstiche sollten in einer bestimmten Reihenfolge "gelesen" werden; alle Exemplare folgen der gleichen Ordnung.

Der erste runde Kupferstich: "Erkenne Gott"

Das Thema des ersten Kupferstiches ist Gott und seine Beziehung zum Menschen und umgekehrt. Die Beziehung ist dynamisch: Gott und Mensch sind einander zugewandt. Dieser Kupferstich kann von innen nach außen "gelesen" werden (Gottes Majestät, die sich dem Menschen entgegenstreckt) und von außen nach innen (der Mensch in seiner liebenden Zuneigung zu Gott). Im Zentrum und damit im Herzen dieses Kupferstichs steht die Entfaltung der göttlichen Glorie und Majestät beginnend mit dem auferstandenen Christus als Lichtwesen mit den fünf Wunden. Christus steht in seiner menschlichen Hülle vor dem zentralen Licht. Um ihn herum befindet sich ein Kreis mit den Worten "Vere filius dei erat ipse": Er war wirklich der Sohn Gottes. Die Worte, die in der Vision Kaiser Konstantins

Khunrath, *Amphitheatrum*. Manuskript, 1601-1602

Summe Deus, Rex omnipotens, Pater optime
cuius
Iam pulchrum, tamq́ue Immensum Sa-
pientia Mundum
Condidit ex nihilo, et regit assiduéque tuetur
Principium, et finis rerum, cui omnia parent
Quo maius, melius, speciosiúsq́ue, altiús est nil:
Qui supra omne habitas coelum, sine fine beatus
Principium sine principio, fons unde bo-
norum
Effluit omne genus, Nostrae author et Rector,
Omnia comprendens, at non comprensus
ab ullo,
MAIESTAS immensa, BONUM, SA-
PIENTIA, VITA,
ORDO, DECUS, FINIS, MENS,
VERUM, LUX, VIA, VIRTUS.
Nusquam habitans, et ubiq́ue habitans
Immobilis, et dans
Assidue motum cunctis: a quo OMNIA
et in Quem
OMNIA, per quem etiam sunt
OMNIA: Semper eadem
Conditione manens, nullo mu-
tabilis aeuo:
Maxima causarum, q́ certa lege
reuoluens
Sidéream molem, fatorúm juráq́ue
benignas
REX regum, cui mille adstant
et mille ministrant
Agmina diuorum, laetantum hym-
nos q́ canentium
Lucis in immensa capis, extra omnia ma-
di

Moenia, ubi é veris sedes aptis-
sima rebus:
Te colo, Te veneror, Te nunc reueren-
ter adoro
Atque precor supplex, ut me spectare benignis
Digneris vultu, Vocémq́ue audire precantis.
Mitte lucis tuae radios mihi, pelle
tenebras
Oppressae (heu) nimium, moribundo
in corpore mentis:
Da rectam reperire viam, ne noxio er-
ror,
Vanáq́ue Credulitas, et Opinio coeca tra-
hat me
Praecipitem in salebras rerum, et praegrauia Vitia
Na sine te, mortale ingenium, humanáq́ue
virtus
Dum se summo tollere sperat, velut Icarus
olim
Disiuncta compede ruit, pennísq́ue solutis.
Nec potis est sine te occulta penetrália
Cernere, nec quae parte salus, aut arte petatur.
Lux tua monstret Iter, et q́ penetrália
templi
Ingrediar Veneratus, et me subtrahe
vulgo.
Largire ergo mihi, Rex ó dignissime Regum,
Ut te cognoscam, et placeam tibi:
deinde sciam me
Quid sim, Qua in terris causa
productus, et Unde
Huc veni, ac tandem, quo Vita
functus abibo:
Quid mihi dum viuo sit agendum
sitq́, cauendum
Ut, quum finierit Lachesis mea
fila, dies q́
Ultimus abdiderit membra haec et
hausta sepulcro
Mors mihi fiat grata ægis, portúsq́ue Salutis.
Amen.

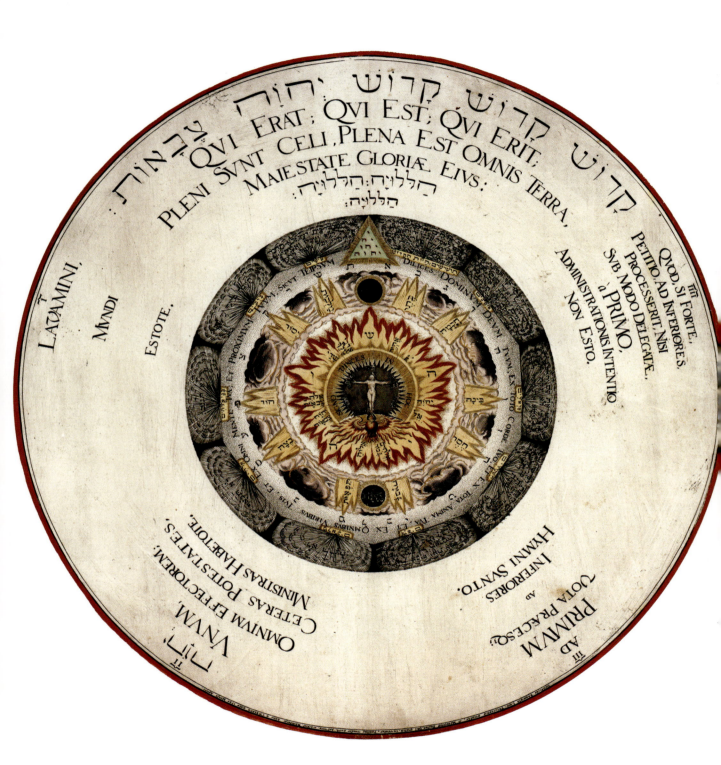

Khunrath, *Amphitheatrum* 1595

Khunrath, *Amphitheatrum* 1595

Khunrath, *Amphitheatrum* 1595

Khunrath, *Amphitheatrum* 1595

auftauchen: "In hoc signo vinces", in diesem Zeichen wirst du siegen, sind im nächsten Kreis eingraviert. Der Heilige Geist in Gestalt einer Taube mit feurigen Schwingen vermittelt zwischen diesem inneren Bild und der vierten, feurigen Sphäre. In diesem feurigen Kreis sind die zehn Namen Gottes eingraviert: Ehie, Iah, Jehova, El, Elohim Gibor, Eloha, Jehova Zabaoth, Elohim Zabaoth, Shaddai, Adonai Melech, sowie der Name von Jesus.

Khunrath war dem Humanisten und christlichen Kabbalisten Johannes Reuchlin (1455-1522) in vielerlei Hinsicht verpflichtet. Die Idee, dass der unaussprechliche Name, das Tetragrammaton (*jod he waw he*), in das Pentagrammaton oder den aussprechlichen Namen von Jesus durch die Hinzufügung des hebräischen Buchstabens *shin* in der Mitte (*jod he shin waw he*) umgewandelt werden könnte, ist Gegenstand von Reuchlins *De verbo mirifico* (Das wundertätige Wort). Unter Berücksichtigung eines signifikanten Rechtschreibefehlers (der Name von Jesus wird im Hebräischen mit einem *ayn* am Ende geschrieben, nicht mit einem *he*, was die Interpretation tatsächlich ungültig macht), war dies natürlich eine wunderbare christliche Vision von Jesus als der Vermittler zwischen Gott und Mensch. Khunrath war sich der Tatsache bewusst, dass viele seiner Leser keine Kenntnis vom Hebräischen hatten, jedoch hielt er es nichtsdestotrotz für wichtig, dass sie sich zumindest visuell mit den hebräischen Namen vertraut machten. Er glaubte, dass dies nützlich für die Menschen sei, auch wenn sie die Namen nicht aussprechen könnten. Diesen Glauben an die magische Kraft der göttlichen Worte (Worte, die zuerst in Hebräisch gesprochen wurden) teilte er mit Reuchlin und den anderen christlichen Kabbalisten.

Die fünfte Sphäre - die von der vorhergehenden Sphäre, welche die Namen Gottes enthält, getrennt ist - zeigt die zehn *Sefirot*, die Attribute Gottes, als Lichtstrahlen. Oberhalb und unterhalb sind zwei schwarze, beziehungsweise graue Kreise zu erkennen mit den hebräischen Worten *ein sof* und *emet*: der unendliche Gott und die Wahrheit (*emet* war auch das Siegel von John Dee, den Khunrath 1589 traf). Die sechste Sphäre enthält das hebräische Alphabet, welches von äußerster Wichtigkeit ist: denn Gott hat die Welt durch das Sprechen, durch Worte erschaffen: "vayomer Elohim" (und Gott sagte). Dieser Prozess wird am Anfang des Neuen Testaments, im *Evangelium nach Johannes* wiedergespiegelt: "Am Anfang war das Wort und das Wort war bei Gott." Die gleiche Widerspiegelung zwischen Altem und Neuen Testament findet sich in den Worten der siebten Sphäre: "Liebe deinen Gott mit ganzem Herzen." und "Liebe deinen Nächsten wie dich selbst." (Leviticus 19:18; Matthäus 22:39). Die zehn Engelschöre in der achten Sphäre übertragen die Zehn göttlichen Gebote in die neunte Sphäre. Die Namen der Engel sind Reuchlins *De arte cabalistica* entnommen. Dieser Kupferstich bezieht sich ausschließlich auf die hebräische Kabbala, obwohl er in der Mitte christianisiert ist.

Der zweite Kupferstich: "Erkenne Dich selbst"

Der Text, der das Bild des zweiten Kupferstiches umgibt, ist noch sorgfältiger ausgearbeitet als der des ersten. In den zwei Spalten unter dem halbrunden Text im oberen Bereich ist eine Lobrede auf Gott abgedruckt und die Bitte zu lesen, dass Gott seine Wohltaten in den Menschen gießen möge. Bevor der Mensch jedoch in der Lage ist, diese himmlische Speise zu empfangen, muss er sich selbst reinigen.

Die Entfaltung der Gottheit, eines der zentralen Themen des ersten Kupferstichs, ist hier durch das Tetragrammaton dargestellt, eingraviert in die "dunkle Sonne" im oberen Bereich des Kreises, und durch die zehn Strahlen, die vom Tetragrammaton ausgehen, die wiederum die *Sefirot* sind. Jedoch das zentrale Thema dieses Stiches ist der Mensch, der in der Mitte dargestellt ist. Es ist dem Menschen auferlegt, durch das Lesen des Buches der Natur (das

Buch des Mikrokosmos und des Makrokosmos) und des Buches der menschlichen Natur sich selbst zu erkennen, und das Herz mit Gott zu vereinen.

Die menschliche Gestalt, der androgyne Adam, befindet sich in einem Dreieck innerhalb eines Quadrates - das die vier Elemente repräsentiert - und ist mit dem Prozess der Erlösung beschäftigt: Sie wird durch Mörser und Stößel zermahlen und vergießt Tränen der Reue, bis sie die Wiedervereinigung mit Gott feiern kann. Der Prozess der Erlösung wird hier in alchemischer Terminologie ausgedrückt; die christlich-kabbalistische Bedeutung dieses Kupferstiches wird zum Beispiel durch die Banderole verdeutlicht, die von Adams Mund ausgeht, in der die Worte geprägt sind: "Yeheshouah, du Fleisch gewordene Weisheit Gottes, hab Mitleid mit uns und lehre uns die Wahrheit: Amen." Yeheshouah ist das Pentagrammaton, der wunder-wirkende Name Jesu, so wie ihn Reuchlin, der oft mit Khunrath in Verbindung gebracht wird, in seinem *De verbo mirifico* erklärt hat.

Der Aufstieg zur Gottheit wird durch zehn Stufen der Erkenntnis beschrieben: von Fides (Treue) und Meditatio (Nachdenken) zur Familiaritas (Freundschaft) und Similitudo (Ähnlichkeit), die wiederum verbunden sind mit den hebräischen *Sefirot* oder den göttlichen Attributen. Die letzte Stufe "Similitudo" oder Ähnlichkeit, bedeutet, dass der Mensch die Fähigkeit besitzt, sich in Gott zu verwandeln. Khunrath war sehr interessiert an der Idee der Vergöttlichung, d.h. wie Gott zu werden. Es handelt sich dabei um eine hermetische Vorstellung, die sich in absolutem Widerspruch mit allem befand, was die christliche Orthodoxie lehrte, wie z.B. die Sündhaftigkeit des Menschen, der nur durch das Opfer Jesu erlöst werden kann.

In diesem zweiten Kupferstich wird das göttliche Reich dargestellt als Kreis, ein Symbol unendlicher Perfektion; das menschliche Reich wird durch die geometrischen Formen des Dreiecks und Vierecks symbolisiert, die teilbar sind. Das Versprechen in diesem Kupferstich besteht darin, dass der Mensch, sofern er die in den Kreisen verkündeten göttlichen Gesetze und Gebote befolgt, in der Lage sein wird, seine innere Gespaltenheit zu überwinden und sich mit dem Göttlichen zu vereinigen.

Der dritte Kupferstich: "Erkenne die Natur"

Der dritte Stich kann von außen nach innen, von oben nach unten und von unten nach oben gelesen werden. In der Mitte des oberen Teiles des äußeren Ringes, im dritten Himmel, befindet sich die pythagoräische Tetraktys, das Symbol des lebendigen Gottes. Unter der Tetraktys finden wir das hebräische Wort für Feuer *esh*; unter diesem Wort befindet sich ein Dreieck mit dem Wort *urim*, was auf Hebräisch Licht heißt. Beide Symbole beziehen sich auf die Welt des Firmaments und die kosmischen Wolken. Dieser zweite Himmel ist das Gebiet der Vollkommenheit, in das die materielle Welt nach der Wiederherstellung aller Dinge zurückkehren wird. Die halbkreisförmige Doppellinie weist darauf hin, dass die Schöpfung aus Geist und Materie zusammengesetzt ist. Der Vogel an der Spitze der inneren Welt - ein Pfau - ist eine Komposition: Er hat den Kopf eines Raben, Flügel eines Schwans und Krallen. Auf seinem Leib ist das Paracelsus-Wort AZOTH eingraviert, das die Urmaterie und die letzte Materie, den Stein der Weisen, symbolisiert. Das "O" im Wort AZOTH besteht aus John Dees Monassymbol, einer Glyphe, die alle Zeichen der sieben Planeten enthält. Der Pfau wird als "Avis Hermetis" bezeichnet, der Vogel des Hermes. Der Vogel des Hermes erhebt sich aus einer Figur mit einem männlichen und einem weiblichen Kopf. Diese Figur ist ein zusammengesetztes menschliches Wesen oder ein Hermaphrodit, der die Auflösung und Erneuerung - das alchemische "solve et coagula" - symbolisiert. Der männliche Kopf wird durch die Sonne dargestellt, der weibliche Kopf durch den Mond. Die Symbole für die paracelsistische Salz-Merkur-Schwefel-Triade sind auf Brust und Leib des Hermaphroditen eingraviert. Der Hermaphrodit, der die obere und die untere Ansicht der materiellen Welt verbindet, hält einen Globus mit den vier Elementen, einer Glyphe in der Mitte, dem Löwen, der das Feuer symbolisiert, und dem Wort "Hyle" oder Materie darunter. Dieser Globus ist ein Abbild des alchemischen Prozesses. Darunter befindet sich ein Globus mit der Welt, einer symbolischen Welt, die die biblische Schöpfungsgeschichte zeigt. Khunrath hat sich in seinem Werk *Vom hylealischen Chaos* (1597) in dieses Bild weiter vertieft. Der Schlüssel zum Verständnis dieses Kupferstiches ist die *Tabula Smaragdina*, der Kern der hermetischen Naturphilosophie, die auch Gegenstand einer der rechteckigen Stiche der erweiterten Ausgabe des *Amphitheatrum* von 1609.ist. Khunrath erklärt seine Theosophie als Wissen, inspiriert vom einzigen wahrhaft lebenden Gott. Die Kenntnis Gottes erhält man durch das Studium des Buches der Natur, dem sichtbaren Ausdruck des schöpferischen göttlichen Geistes, allein oder mithilfe eines Instruktors. Dieser dritte Kupferstich ist geprägt durch Mosaische, Hermetische und Paracelsistische Philosophie. Mosaisch, weil auf die Schöpfungsgeschichte Bezug genommen wird, in der Gott Wasser und Erde trennt, mit dem Himmel als Geburtenschoß für die Inkarnation des Geistes Gottes. Hermetisch, weil er sich auf den Weltgeist bezieht, der Makrokosmos und Mikrokosmos durchdringt. Paracelsisch, weil Merkur die wirksame Kraft in der Natur ist, die alles, mit dem sie sich verbindet, stärkt.

Der vierte Kupferstich: "Das Oratorium und das Laboratorium"

Der letzte der vier Kupferstiche ist der am wenigsten abstrakte und zeigt Khunrath selbst als Alchemisten im Oratorium, kniend vor einem Buch, das zwei Bilder zeigt, eines aus dem ersten Kupferstich des *Amphitheatrum* entnommen, das andere aus dem zweiten. Das Oratorium und das Laboratorium werden getrennt durch einen Mittelteil, der einen Tisch mit Musikinstrumenten zeigt: Geistliche Musik hat die Kraft, Melancholie und böse Geister zu vertreiben und den Alchemisten auf seine Aufgabe vorzubereiten; Musikinstrumente können auch als Symbol für die himmlische Harmonie gesehen werden. Im Laboratorium sieht man die für den alchemischen Prozess nötigen Instrumente: Kolben, einen Pelikan und einen Brennofen (Khunrath hat selbst einen Athanor entworfen) und Zutaten wie Quecksilber und Acetum. Das Kaminsims wird gestützt von zwei Säulen, auf deren Sockel die Worte "ratio" und "experientia" eingraviert sind: Im Labor muss der Alchemist der Vernunft und der Erfahrung folgen. Einer der alchemischen Apparate weist folgenden Leitspruch auf: "Festina lente", Eile mit Weile, in der alchemischen Bedeutung: Tue alles zum richtigen Zeitpunkt. Gleichzeitig kann dies aber auf einen Auftraggeber von Khunrath hinweisen, Rožmberk, dessen Motto auch "festina lente" lautete: Vielleicht sind hier Alchemie und Mäzenatentum kombiniert. "Maturandum", das im Ofen eingravierte Wort, bezieht sich auf die Tatsache, dass die Dinge ihre Zeit brauchen: Im alchemischen Prozess müssen die Metalle "reifen"; bezogen auf diesen Prozess im Menschen bedeutet es, dass in Begegnungen die Chemie stimmt oder eben nicht. Das Schlafzimmer am Ende des Saales enthält die Worte "Dormiens vigila", sei wachsam, während du schläfst. Sie könnten sich auf Traumdeutungen beziehen, auf Botschaften, die Khunrath durch Gott erhalten hat. Auf den Säulen sind die Worte eingraviert: "Sine afflatu divino, nemo unquam vir magnus". Ohne göttliche Inspiration gibt es keine menschliche Größe (Cicero, *De natura deorum*). Hier verherrlicht Khunrath wiederum den göttlichen Schöpfer.

Dieser Kupferstich zeigt Khunrath selbst als Alchemisten oder Theosophen, der an der Wiederherstellung aller Dinge arbeitet. Khunrath beschrieb die Rolle des Alchemisten als jemanden, der den Geist Gottes repräsentiert und als solcher am Prozess der Vergeistigung der Schöpfung mitarbeitet. Die alchemische Arbeit zeigt die Kraft des göttlichen Geistes: Der Alchemist veredelt Metalle (eine Parallele zur Heilung der Seele). Transmutation bedeutet den Übergang von dem, was unten ist, zu dem, was oben ist. Nach Khunraths Auffassung verlaufen die göttlichen, spirituellen und natürlichen Prozesse parallel, und der Mensch, versinnbildlicht durch den Alchemisten-Theosophen, trägt seinen Teil zur Vervollkommnung der Natur bei.

Tabula Smaragdina: Die geheimen Worte des Hermes

In diesem Kupferstich aus der zweiten erweiterten Ausgabe des *Amphitheatrums* ist der Text "wie unten, so oben" - der auch bekannt ist als die Quintessenz des "Hermetischen Bekenntnisses" in der Tabula Smaragdina - auf einer steinernen Triumpfpyramide eingraviert - ähnlich so wie auf dem Pyramidenstein am Fuß der Titelseite der Name "Mercurius" und darüber der Hieroglyphe für Quecksilber eingraviert sind. Der Text der *Tabula Smaragdina* steht dort in Latein und in Deutsch mit den darauf folgenden Zeilen aus *Poimandres*, dem ersten Buch des *Corpus Hermeticum*, was sehr ungewöhnlich ist. In der ersten Abhandlung des *Corpus Hermeticum* wird Hermes, der hier als Schüler in der Natur des Universums Unterricht erhalten will, durch Poimandres "der Geist, der die höchste Macht hat", unterrichtet. Hermes möchte Wissen erlangen über "das Seiende ( ) und seine Natur verstehen und Gott erkennen". Das Zitat in Khunraths Kupferstich endet damit, dass Hermes bekennt, dass "ihm alles in einem Moment zugänglich gemacht wurde". Es ist laut Peter Forshaw sehr ungewöhnlich, dass in einem Zitat zusammenzufinden ist, was wir heute "praktischen" und "philosophischen" Hermetismus nennen. Jedoch hätte dieses Zitat aus dem *Corpus Hermeticum*, das sich mit der göttlichen Offenbarung befasst, ohne Zweifel seinen Nachhall bei Khunrath gehabt, der die Alchemie als wichtigste Wissenschaft bei der Entschleierung der Geheimnisse der Natur und des Kosmos betrachtete, die es dem Menschen erlaubt, sich selbst und Gott zu erkennen.

Links neben der Pyramide steht eine Gruppe von Menschen, die einem Mann zuhört, der auf den Text der Tabula Smaragdina weist - er könnte mit Khunrath identifiziert werden, was sich aus der Stickerei auf seinem Ärmel schließen lässt - vielleicht ist auch sogar sein kleiner Hund da und thront auf seiner Hinterhand vor der Gruppe.

Khunrath, *Amphitheatrum* 1609

 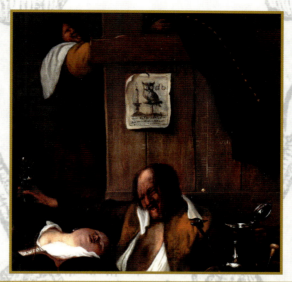 

Khunraths Eule: Sein "Logo"?

Die Eule ist ein Tier, das bereits im Altertum die Vorstellungskraft beflügelte: Die Griechen brachten sie mit Weisheit, Besonnenheit und Lernen in Verbindung. Dem Gesetz der symbolischen Inversion folgend, wurden der Eule jedoch auch die gegenteiligen Eigenschaften zugeschrieben, nämlich Dummheit und Torheit. Die Römer betrachteten das Tier als Vorbote von Unglück und ihr Erscheinen war ein böses Zeichen, das dem Tod voranging. Diese Assoziationen hatten noch nichts von ihrer Kraft verloren, als Heinrich Khunrath den Holzschnitt einer bebrillten Eule am Ende seines *Vom hylealischen ... Chaos* (Magdeburg 1597) einfügte. Unter der Eule, die zwei Fackeln in ihren Fängen hält und von zwei Kerzen flankiert wird, befindet sich ein Zweizeiler "Was helffn Fackeln, Liecht oder Brilln, wann die Leute nicht sehen wölln". Die Eule findet sich auch in Khunraths *Magnesia catholica philosophorum* von 1599. In der Ausgabe von 1609 des *Amphitheatrum*, ist das Bild als Kupferstich enthalten. In diesem Fall ist die Eule aus alchemischer (und auch aus anderer) Sicht ein Symbol für Weisheit und Wissensdurst. Die Brille der Eule sowie die Kerzen und Fackeln sollen ihr helfen, besser zu sehen und noch besser zu verstehen. Die Schlussfolgerung dieses Zweizeilers ist: Wenn Menschen nicht offen sind für das Wissen, das Khunraths Bücher anbieten, werden sie dumm bleiben.

Das Bild der Eule mit ihren Fackeln und Kerzen tauchte vor 1597 noch nicht auf. Wir können deshalb schlussfolgern, dass es ein Produkt von Khunraths Vorstellungskraft ist. Es ist erwiesen, dass es ein ausdrucksstarkes Bild war und ein Eigenleben entwickelte. Soweit wir wissen, wurde es dank Gabriel Rollenhagen (1583-1619), der wie Khunrath aus Magdeburg stammte, populär. Er war der erste, der dieses Bild in seinem Buch *Nucleus emblematum* von 1611 als Emblem veröffentlichte. Aber durch Hinzufügung einer kleinen Szene, die eine Zimmerei (des Hl. Joseph?) zeigt, gab Rollenhagen der Bedeutung des Bildes eine andere Wendung; das ganze Bild bekommt eine christliche Implikation. Die Eule symbolisiert nun die Blindheit des Menschen – blind für den Glauben! (Fackeln und Kerzen haben für den Blinden keinen Nutzen, die dumme Eule kann im hellen Tageslicht nichts sehen.) Daher wird die Eule wieder einmal zum Symbol der Dummheit und genau so sehen wir sie als Druck an der Wand hängen in einem Gemälde von Jan Steen (*After the drinking bout* ca. 1650). Aufgabe der Eule ist es hier, die Dummheit und Verrücktheit der Leute zu spiegeln. Der für dieses Gemälde verwendete Untertitel ist der gleiche, den auch Khunrath für seine Eule benutzte (s.o.). Ab dem siebzehnten Jahrhundert wurde sie in den Niederlanden bekannt mit dem Spruch: "Wat baeter kaers of bril, als den uijl niet sien en wil" – "Was nützen Kerze oder Brille, wenn die Eule nicht sehen will." Khunraths Eule wurde auch in mehreren, in Deutschland veröffentlichten alchemischen Büchern verwendet. Zunächst als Holzschnitt in einem Nachdruck von Khunraths eigenem *Vom hylealischen Chaos* (1708) mit einem längeren, erklärenden Reim. Die Eule wurde vom Drucker auch als Motiv im Anhang von *Fünff curieuse chemische Tractätlein* (Frankfurt and Leipzig 1767) benutzt und tritt auch als graviertes Titelbild in Hans von Ostens *Eine grosse Herzstärkung für die Chymisten* (Berlin 1771) auf.

Daniel Mögling

Daniel Mögling (1596-1635) war der Spross einer prominenten Familie von Gelehrten und Wissenschaftlern, die seit dem frühen sechzehnten Jahrhundert mit der Stadt Tübingen in Verbindung gebracht wird und über viele Generationen hinweg Anwälte, Philosophen und Ärzte hervorgebracht hatte. Als Daniel sechs Monate alt war, starb sein Vater Johann Rudolph an einer Infektion, die er sich beim Versuch, die Pest zu besiegen, zugezogen hatte. Als seine Mutter im darauffolgenden Jahr wieder heiratete, wurde Daniel zunächst von seinem berühmten Großvater erzogen, der auch Daniel hieß und von 1587 an bis zu seinem Tod 1603 in Tübingen Medizin unterrichte. Danach wurde er in die Obhut seines Onkels Johann Ludwig Mögling gegeben, ebenfalls Arzt, der 1609 eine Cousine von Johann Valentin Andreae heiratete. In der Autobiographie des Letztgenannten wird Daniel Mögling als einer der Studenten genannt, die ihn besuchten, als er zwischen 1614 und 1620 in Vaihingen weilte.

In April 1611 schrieb Mögling sich an der Universität von Tübingen ein, um Philosophie zu studieren. Im Jahr 1615, im Alter von 19 Jahren, erlangte er seinen "Magister"-Abschluss. Am Beginn des folgenden Jahres ging er nach Altdorf, um das Medizinstudium aufzunehmen. Teilweise als Ergebnis einer Auseinandersetzung zwischen ihm und einem Studienkollegen, Friedrich Grick aus Wesel, kam Mögling auf die Idee, seine rosenkreuzerischen Traktate zu präsentieren: *Pandora sextae aetatis* (1617) und *Speculum Sophicum Rhodo-Stauroticum* (1618), geschrieben unter dem Pseudonym Theophilus Schweighardt. Er benutzte ein anderes Pseudonym, Florentinus de Valentia, für *Rosa florescens* (1618). Grick, ein Gegner der Rosenkreuzer-Bruderschaft, beschloss, seine Angriffe unter dem Pseudonym Irenaeus Agnostus oder F.G. Menapius zu veröffentlichen. In *Rosa florescens* (1617) rekapitulierte Mögling, für welche Inhalte die Rosenkreuzer-Bruderschaft stand. Es war die Absicht der Bruderschaft:

> Gott und ihren Nächsten bestmöglich zu dienen, die Natur zu entdecken, ihre Geheimnisse für die christliche Welt nutzbar zu machen und den Namen Gottes zu preisen. Sie weiß, versucht und beabsichtigt nichts anderes.

Die Autoren der Rosenkreuzer-Manifeste wollten Harmonie stiften zwischen den verschiedenen christlichen Konfessionen sowie zwischen Technologie und Wissenschaft. Sie spornten zu gegenseitigen wissenschaftlichen Anstrengungen nach Art der Gelehrten von Fez. Auch kritisierten sie den sklavischen Glauben an das Bücherwissen. All das wirkte stark auf Daniel Mögling ein. In einem Brief an seinen Freund, Bonaventura Reihing, schrieb er im Jahr 1617 leidenschaftlich:

> Ich wünschte, die Welt wäre meine Schule, verschiedene Länder meine Lehrer, menschliches Handeln meine Bücher, der Gedankenaustausch mit anderen meine Buchstaben, Fürstenhöfe meine Höräle, und ich in alledem der Prüfstein. (...) Fasziniert vom Buchwissen schenken wir den Dingen selbst keine Aufmerksamkeit mehr. Wir wissen, dass etwas passiert, aber wir wissen nicht, warum.

Nachdem er einige Zeit mit dem Mathematiker und Rosenkreuzersympathisanten Johann Faulhaber (1580-1635) in Ulm verbracht hatte, kehrte Mögling am Ende des Jahres 1618 nach Tübingen zurück, um seine Medizinstudien fortzusetzen. Zu dem

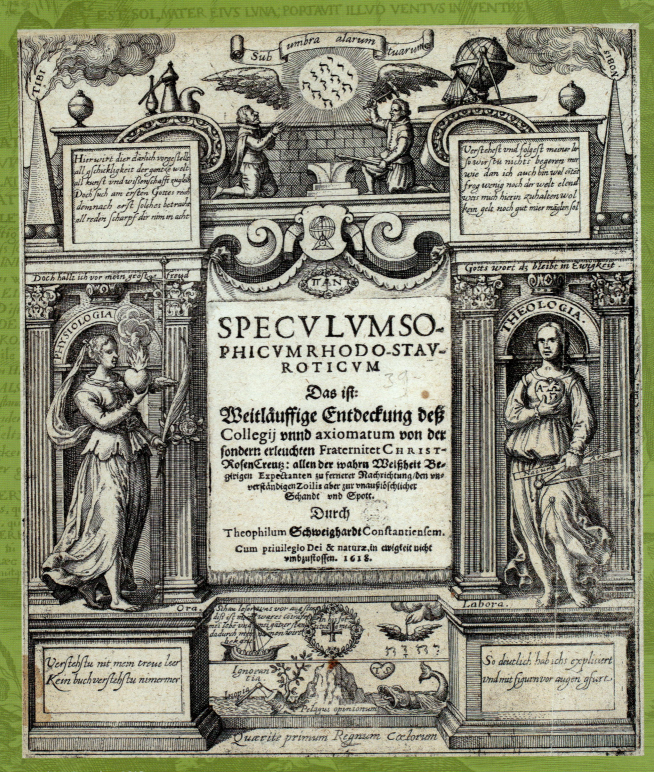

Mögling, *Speculum* 1618

Mögling, *Speculum*. Manuskript nach 1618

Zeitpunkt war Landgraf Philipp von Hessen-Butzbach schon auf seine rosenkreuzerischen Abhandlungen aufmerksam geworden und brannte darauf, den Autor kennenzulernen. Ein Treffen zwischen beiden wurde über Faulhaber arrangiert, der mit dem Landgraf über mathematische Probleme korrespondierte. Im Mai 1621 wurde Mögling zum Hofarzt, Astronom und Mathematiker bestellt, einige Monate nachdem er am 26. Februar seinen medizinischen Abschluss in Tübingen erlangt hatte. Sein vornehmer Arbeitgeber Philipp interessierte sich weiterhin für unorthodoxe Literatur. 1629 verhalf Möglings Vermittlung ihm dazu, spirituelle, chiliastische, alchemische und magische Manuskripte des Sammlers Carl Widemann zu bekommen, wenngleich ohne Nutzen. Außer einigen Reisen zur Frankfurter Buchmesse und nach Nürnberg in den Jahren 1622 und 1628 blieb er vornehmlich am Hof in Butzbach. Mögling assistierte dem Landgrafen bei seinen mathematischen und astronomischen Studien und konstruierte Instrumente und Apparate für ihn. Er versuchte auch, einen dauerhaften Mechanismus ("Perpetuum mobile") zu konstruieren. Als der zerstörerische Dreißigjährige Krieg in seinem siebten Jahr war, meinte Landgraf Philipp, Mögling entlassen zu müssen, weil er seine Dienste in "diesen schwierigen Zeiten" nicht mehr benötige. Philipp versuchte, seinem Arzt einen Posten an der Universität von Darmstadt zu verschaffen, aber Mögling starb am 19. August 1635 als Opfer der Pest.

Viele Jahre hatte Mögling eine lebendige Korrespondenz mit Mitgliedern des Rosenkreuzer-Zirkels geführt, u.a. mit Johann Valentin Andreae, Christoph Besold, Johann Ludwig Remmelin und auch Stephan Michelspacher. 1622 distanzierte er sich öffentlich von den Idealen der Rosenkreuzer-Bruderschaft, die er einige Jahre zuvor so leidenschaftlich verteidigt hatte - er tat dies sicher im Hinblick auf seine Position, da die Rosenkreuzer-Ideale zu diesem Zeitpunkt in die Kritik geraten waren. Privat jedoch hielt er sicher an den rosenkreuzerischen Ansichten fest: Die BPH besitzt ein Exemplar eines Werkes von Heinrich Lautensack über die Lehre der Perspektive aus dem Besitz von Mögling der es 1623 mit seinem Motto "sub umbra alarum tuarum" versehen hat (es ist bedeutungsvoll, dass dies auch die letzten fünf Worte in der *Fama Fraternitatis* sind). Sieben Jahre später schrieb er an seinen Freund, den Mathematiker Wilhelm Schickard (1592-1635) und bat ihn, den Herausgeber Stephan Michelspacher an ihn zu erinnern. Falls Michelspacher sich nicht an ihn erinnern könnte, schrieb er, sollte Schickard ihm sagen, dass er einstmals bekannt war unter dem Namen des Theophilus Schweighardt und mit ihm "nach England gehen wollte zu der Zeit, als das Rosenkreuzertum noch in Blüte gestanden hatte". Aber nun "haec odiosa sunt": nun sind diese Dinge abstoßend - dies lässt sich als eine neutrale Aussage deuten, die weder Bedauern noch Zustimmung bedeutet.

Speculum Sophicum Rhodo-Stauroticum: Die programmatische Titelseite

Daniel Möglings *Speculum Sophicum Rhodo-Stauroticum* (1618 von Johann Theodor de Bry in Oppenheim herausgegeben, was als sicher gelten kann) wurde oft das vierte Rosenkreuzer-Manifest genannt. Dieser Weisheitsspiegel der Rosenkreuzer enthält eine Erklärung und drei wunderbare Kupferstiche zu den Absichten der Rosenkreuzer-Bruderschaft. Mögling verspricht in seinen Erklärungen und Figuren absolute Klarheit, wie auf der Titelseite zu lesen ist: "So deutlich hab ichs explicirt, und mit figuren vor augen gefurt" - der Sockel auf der linken Seite warnt den Leser jedoch, dass, wenn er Möglings wahre Lehren nicht versteht, er niemals ein anderes Buch verstehen wird. Wie in Khunraths gestochener Titelseite des *Amphitheatrum*, prangt das Tetragrammaton in Form einer pythagoräischen Tetraktys auch auf der Titelseite des *Speculum Sophicum*

Rhodo-Stauroticum und über ihm das Motto "Sub umbra alarum tuarum": "unter dem Schatten Deiner Flügel, Jehova". Dies sind auch die letzten Worte der *Fama Fraternitatis*: Mögling bringt sich geradewegs mit der Rosenkreuzer-Bruderschaft in Verbindung.
Zwei Männer stehen einander unter dem Tetragrammaton gegenüber, das von einem strahlenden Kreis umgeben ist: Einer kniet im Gebet nieder, der andere hämmert auf einen Amboß - er ist offensichtlich Alchemist. In gleicher Weise bezieht sich Heinrich Khunrath auf seine alchemische Praxis "in der Werkstatt des Vulkans" zu arbeiten. Über dem Bittsteller befinden sich Laborinstrumente und über dem Schmied sind wissenschaftliche Instrumente zu sehen. Der Text im Rechteck auf der linken Seite verspricht dem Leser die Erläuterung aller Fähigkeiten in der Welt, er ermahnt ihn aber, vor allem das Königreich Gottes zu suchen. Die Titelseite (wie auch die drei Kupferstiche) ist sehr wahrscheinlich von Matthäus Merian gestochen und stellt in sich ein wundervolles Kunstwerk dar. Zwei weibliche Figuren, Physiologia und Theologia, stehen flankiert von Korinthischen Säulen in Nischen und symbolisieren das Studium der Natur beziehungsweise das Studium Gottes. Physiologia hält ein flammendes Herz in ihrer rechten Hand und repräsentiert die leidenschaftliche Erforschung der Natur; in ihrer linken Hand hält sie eine Rose und einen Palmzweig als Symbol des Sieges. Auch Theologia hält ein Herz. Es ist mit vier Buchstaben beschriftet, mit dem Alpha und Omega, aber auch mit dem Z und das T (tav), die gemeinsam gesprochen das Wort ergeben (siehe hierzu die Erläuterung weiter oben). (Das Wort AZOT symbolisiert die Urmaterie und die letzte Materie oder den Stein der Weisen und taucht auch im dritten Kupferstich auf, der *Pansophia Rhodo-Staurotica*).

Die Stiche aus dem Speculum: Domus Spiritus Sancti oder das Haus des Heiligen Geistes

Der Kupferstich genannt Collegium Fraternitatis ist auf allen Seiten durch die vier Himmelrichtungen begrenzt. Jedoch befindet sich nicht der Norden oben, sondern der Osten: Ex oriente lux! (Das Licht erscheint im Osten!) In mittelalterlichen Zeiten haben die Kartographen ihre Karten buchstäblich daran "orientiert", dass der Osten oben war, wo die Sonne aufging und wo das Paradies vermutet wurde. Im Zeitalter der Entdeckungen bekamen die Karten eine Nord-Orientierung, wobei dieser Kupferstich vielleicht bewusst nach alter Sitte orientiert ist. Direkt unter dem Orient befindet sich ein Tetragrammaton, der unaussprechliche Name Gottes. Unter diesem göttlichen Namen sieht man, wie Gottes Hand aus einer Wolke heraus das Domus Spiritus Sancti hält, das Haus der Bruderschaft: Die Bruderschaft hat offensichtlich den göttlichen Segen. Auf der linken und rechten Seite des Tetragrammaton befinden sich die Konstellationen von Serpentarius (mit dem Jahr 1604) und Cygnus, eine Anspielung auf das plötzliche Auftauchen eines "neuen Sterns" - eines Kometen - im Sternbild des Schwans im Jahr 1602 und eines neuen Sterns im Sternbild des Schlangenträgers im Jahr 1604, worauf auch die *Fama* und die *Confessio Fraternitatis* Bezug nehmen. Das Erscheinen dieser neuen Sterne wurde als Zeichen für ein neues anbrechendes Zeitalter gedeutet. Eines der Werke, das über dieses Thema veröffentlicht wurde, war Johann Keplers *De stella nova in pede Serpentarii* von 1606. Mögling schrieb: "*Serpentarius* und *Cygnus* haben euch vor dreizehn Jahren den Weg zum Spiritum sanctum gewiesen und euch zu den Gesegneten *videamini* erklärt, "mögt ihr erkannt werden" von den Brüdern". Mehr als dreizehn Jahre nach dem Erscheinen des neuen Sterns in Serpentarius, im Jahr 1618, war die Zeit reif für das Domus Spiritus Sancti, das den zentralen Platz im Kupferstich einnimmt. Falls es hier noch Zweifel geben sollte, macht eine Banderole mit der Inschrift "Collegium Fraternitatis" deutlich, wessen Wohnsitz dies ist: der der Brüder des Rosenkreuzes. Vorne, links und rechts von einem der Eingangstore, finden wir

Mögling, *Speculum* 1618

die Rose und das Kreuz dargestellt. Auf der rechten Seite ist eine Trompete zu erkennen, die aus einem runden Fenster hervorragt, und darunter die Buchstaben C.R.F.: Es ist der Weckruf des Collegium Rosaecrucis Fraternitatis. Einen Arm, der eine Waffe hält, sieht man im vorderen runden Fenster: Er gehört Julianus de Campis, einem wichtigen Autor in der Rosenkreuzer-Debatte, der bereits in seinem *Sendbrieff oder Bericht* von 1615, der in der Ausgabe der *Fama Fraternitatis* von 1617 aufgenommen wurde, darauf hingewiesen hat, dass es notwendig sei, den guten Kampf zu kämpfen. Die Titelseite dieses Pamphletes von Julianus de Campis trägt "Milita bonam militiam" über dem Impressum, ein Bezug auf Paulus: "Dass ihr den guten Kampf kämpft" (1. Timotheus 1:18). In seinem *Sendbrieff* drängt Julianus de Campis diejenigen seiner Leser ("Cavete!"), die sich auf dem rechten Weg befinden, sich nicht ablenken zu lassen durch einen Mangel an Selbstvertrauen oder das, was "ueppige Leute", aufgeblasene Menschen sagten. Im Vordergrund wird eine Person aus der Quelle des Eigendünkels herausgezogen ("puteus opinionium"): Er wird von denen, die im Domus Spiriti Sanctus sind, aus dieser misslichen Lage befreit. Mögling ergänzt die von Julianus de Campis ausgesprochene Warnung: "Bestehestu nicht, und hat ein böses Gewissen, so hilft dir weder Brücken noch Seil, komstu hoch, so fälstu hoch, und must in *puteo erroris & opinionis* sterben und verderben" - wenn Du nicht widerstehst und ein schlechtes Gewissen hast, können dir weder Brücke noch Seil von Nutzen sein. Wenn du hoch steigst, wirst du tief fallen und im Brunnen der Irrtümer umkommen. Mögling rät seinen Lesern, sich wie die Vögel im Kupferstich zu verhalten, die frei durch die Luft fliegen.

Die Vögel geleiten ihn zur Arche, die links in der Ferne zu sehen ist: Wie in Noahs Geschichte müssen die Tauben ausdauernde Flieger sein, und wenn sie mit dem Olivenzweig zurückkehren, ist es offensichtlich, "dass Got dir hat geholffen". In Zeiten von Wohlstand gebietet es der Anstand, Nächstenliebe zu praktizieren: "Du aber solt den armen widerumb helffen", eine Ermahnung an eine der Regeln der Bruderschaft, um Menschen zu heilen, ohne etwas als Belohnung zu erwarten. Die Arche in diesem Kupferstich ist gebaut worden wegen der "diluvio ignorantiae", der Flut von Ignoranz, die die Bruderschaft zu beenden wünscht, indem sie den Titel einer der hermetischen Abhandlungen im *Corpus Hermeticum* in Erinnerung ruft: "Die schlimmste Krankheit des Menschen ist das Ignorieren Gottes." Der Pilger unten rechts, der den Anker des Glaubens und der Hoffnung ergreift, bekennt demütig seine Ignoranz: "Ignorantiam meam agnosco". Genau aus diesem Grunde ist er direkt mit Gott dem Vater verbunden, was deutlich auf dem Kupferstich zu erkennen ist. Weit im Hintergrund sehen wir die Spitze einer "Mauerkirche", einer Steinkirche: Es ist aber die unsichtbare Kirche, wie sie durch den Domus Spiritus Sancti repräsentiert wird, der stolz den Ehrenplatz im Vordergrund einnimmt.

Neben dem bewaffneten Julianus de Campis ist das Domizil der Bruderschaft auch gut beschützt durch die Männer, die Schilder mit dem Schriftzug des Tetragrammatons auf jeder der vier Zinnen tragen. Die Siegespalme in der anderen Hand zeigt an, dass sie am Ende überwinden werden. Trotzdem lauert auch Gefahr - "Per multa discrimina rerum" - und man muss viele bedrohliche Situationen meistern. Unter dem Haus des Heiligen Geistes befindet sich die Inschrift "moveamur": Mögen wir bewegt werden - durch den Heiligen Geist? Das Domus Spiritus Sancti selbst trägt das Motto: "Jesus nobis omnia", Jesus bedeutet uns alles, eine Anlehnung an die Szene der Graböffnung des Christian Rosenkreuz in der *Fama Fraternitatis*, wo auf dem Runden Altar auch die Worte "Jesus mihi omnia" eingraviert waren. All diejenigen, die der Bruderschaft würdig sind, mögen das Haus betreten ("venite digni"), aber für die Unwürdigen ist das Haus eine

Möglings Pandora und Hermes

Die Einführung zu *Pandora sextae aetatis*, "Von der Erkänntnus Gottes und seiner Wunderwerk", nimmt Bezug auf eine der hermetischen Gottesdefinitionen:

> Gott ist alles in allem und durch nichts beschränkt, er ist der nie endende Umfang, cujus centrum ubique; superficies nullibi – dessen Mitte überall ist; dessen Umfang nirgendwo ist.

"Deus est sphaera infinita, cuius centrum est ubique, circumferentia veram nusquam": Gott ist eine unbegrenzte Sphäre, deren Mitte überall und deren Umfang wirklich nirgendwo ist, war die zweite These des *Buches der vierundzwanzig Philosophen*, eines pseudo-hermetischen Textes aus dem zwölften Jahrhundert. Jeder Mensch muss sich selbst kennen, um Gott zu kennen, wie es im ersten Kapitel von *Pandora* zu lesen ist:

> Kehre bei Dir selber ein, mein Bruder, denk daran, wer und was du bist (...) suche zuerst Gott (quaerite primo regnum Dei) suche das Königreich Gottes.

"Quaerite primum regnum coelorum" war auch auf der programmatischen Titelseite von Mögling's *Speculum Rhodo-Stauroticum* zu lesen.

Daniël Mögling, *Pandora sextae aetatis*. 1617

unüberwindliche Festung ("si diis placet", wenn es den Göttern so gefällt), gegen die die modernsten Geräte der Kriegsführung machtlos sind, weil das Gebäude durch Gott und die Natur befestigt wurde. Die *Fama Fraternitatis* selbst spricht vom Haus der Bruderschaft als einem Gebäude, das sogar dann, wenn Hunderttausende es von Nahem gesehen haben, unberührt bleibt, welches unzerstörbar, unsichtbar und gut versteckt ist vor den Ungläubigen bis in Ewigkeit .

Die Bruderschaft hat die Kandidaten ausdrücklich eingeladen zu reagieren: "Ein jeglicher, der seinen Namen preisgibt, kann sicher sein, von uns kontaktiert zu werden, entweder persönlich oder, wenn gewünscht, schriftlich." Das Aufsehen, das durch die Rosenkreuzer-Manifeste verursacht wurde, wird dargestellt durch ein Gestöber geflügelter Briefe, die zu der Bruderschaft hin und von ihr wegfliegen: "ad fratres" und "fratri"; die Brüder antworten mit Briefen "ad I.D.C." (Julianus de Campis?) und "nostro T.S." (Theophilus Schweighardt?).

Die Stiche aus dem Speculum: Ergon et Parergon Fraternitatis Typice. Das Werk und das zweitrangige Werk der Bruderschaft in einer Figur

Unter einem Vordach, beschrieben mit dem Tetragrammaton, streckt ein Philosoph seine Arme in den Himmel aus. Er kniet vor einem Altar und verbrennt Räucherwerk (um Gott zu besänftigen?). In gewissem Sinne erinnert das an das alchemische Anflehen Gottes im runden Kupferstich "Oratorium et Laboratorium" von Khunraths *Amphitheatrum*, jedoch mit einem großen Unterschied, wie Peter Forshaw anmerkte: In Khunraths Stich sind Oratorium und Laboratorium buchstäblich auf der gleichen Ebene: zwischen ihnen gibt es keine Hierarchie so wie in Möglings Stich dargestellt. Das Bildnis in Möglings "Ergon und parergon" Kupferstich ist in diesem Sinne weniger kühn als Khunraths Kupferstich, in dem der Alchemist seine Rolle bei der Vervollkommnung der Welt öffentlich austrägt.

Über Möglings Alchemisten befinden sich ein offenes Buch (die Bibel?) und eine Lampe (das ewige Licht?) auf einem Regal. Das Ergon, das Werk, muss "Cum Deo" ausgeführt werden, mit Gott an der Seite. Unterhalb der knienden Figur des Philosophen ist eine Frau zu erkennen, die einen Globus mit einer kleinen Kreatur hält; Sonne und Mond verbinden sich mit diesem Homunculus, welcher von der Frau vor ihrem Bauch getragen wird, so, als ob sie sich selbst tragen würde. Dies ist ein offensichtlicher Hinweis auf die hermetische *Tabula Smaragdina*, wie Mögling selbst auch in der Erklärung darlegt:

> *Pater eius Sol (...) Mater Luna; portavit ventus in ventre suo. Nutrix eius terra est.* Dieses ist die materia und subjectum philosophiae nostrae, sive Physiologiae generalis, quae tempore & occasione, non precio comparator.
> *Die Sonne ist ihr Vater, der Mond ihre Mutter, der Wind hat sie in seinem Bauch getragen, die Erde ist ihre Amme.* Dies ist die Angelegenheit und das Thema unserer Philosophie oder allgemein Physiologie, die durch Zeit und günstige Momente erkauft ist, nicht mit Geld.

Die Gestalt der Physiologia, "Materie und Thema unserer Philosophie", befindet sich auf dem gestochenen Titelseite, "wo sie die Theologia ergänzt. Ebenso hatte Michael Maier auch die Hermetische *Tabula Smaragdina* in seinem Werk *Atalanta fugiens* abgebildet, das im gleichen Jahr erschien wie Möglings *Speculum*. Die geflügelte Frau steht auf einem Podest, das mit den Worten "Hinc sapientia", durch welchen die Weisheit kommt, beschriftet ist . Sie steht auf einem Podest: Sie ist also mit der Erde verwurzelt, jedoch

Mögling, *Speculum* 1618

durch ihre Flügel zeigt sie, dass sie in der Lage ist, sich zur Spiritualität zu erheben. Auf jeder Seite des Podests befinden sich zwei Höhlen. In der Höhle auf der linken Seite steht ein Alchemist bis zu seinen Oberschenkeln im Wasser, während er ein Buch mit dem Wort "labore", ich arbeite, studiert; er führt das Werk eines Alchemisten aus, der die Natur studiert. In der Ferne ist eine schwarze Sonne über den Wolken zu sehen, von der Strahlen ausgehen, während ein Stück Stoff aus einem Kübel heraushängt: Dies bezieht sich auf die vier Elemente, weil die Erde (als ein Stück Stoff) mit Wasser gereinigt, durch die Luft getrocknet und durch die Strahlen der Sonne erwärmt wird. Dies ist ein Symbol des Säuberns und der Reinigung. Der Alchemist, der mit der Hand einen Topf ins Wasser taucht, strebt danach, die verborgenen Geheimnisse der Natur zu entdecken. In der Höhle auf der rechten Seite sehen wir einen anderen Alchemisten mit einem Tetragrammaton zu beiden Seiten seines Kopfes. Die Initialen T.S.C. über seinem Kopf stehen für Theophilus Schweighardt Constantiensem, womit Mögling auf der Titelseite auf sich selbst hinweist. Er beschäftigt sich mit dem Erforschen der Natur durch die Kunst (der Alchemie): "Arte Natura". Alchemische Apparate zeigen, dass dies ein Labor ist.

Im Text, der diesen Kupferstich begleitet, rät Schweighardt davon ab, zu viel und zu vielfältig zu lesen ("alle und jede absque discrimine Peripateticorum, Stoicorum, Ramistarum, Lullianistarum, Paracelsistarum"). Es sei weit wichtiger, sagt er, nach innen zu gehen und die Selbstliebe aus sich zu verbannen. Die Heilige Schrift sei das "fons und fundamentum", die Quelle und das Fundament der Rosenkreuzer-Bruderschaft. Dieses Fundament und das Praktizieren der Arbeit (Ergon) findet man auch in den Schriften des Thomas a Kempis, dessen Werk aus diesem Grund zu Recht als ein "fons & origo dogmatum Rhodo-Stauroticum" genannt werden kann. Thomas a Kempis gehörte zu den Autoren, die vom Kreis der Rosenkreuzer bevorzugt wurden. Das Verhältnis zwischen dem Ergon und dem Parergon (dem Werk und dem ergänzenden Werk) ist die Beziehung zwischen ora and labora, zwischen Beten und Arbeiten, zwischen der Kenntnis Gottes und der Kenntnis der Natur, welche die Geheimnisse von Makrokosmos und Mikrokosmos enthüllen.

Die Stiche aus dem Speculum: Pansophia Rhodo-Staurotica. Die universelle Weisheit der Bruderschaft

Mögling beginnt seine Erklärung der *Pansophia Rhodo-Staurotica* durch Zitieren der ersten Verse und Kapitel des Johannes: "Im Anfang war das Wort." Der Logos oder das Wort hat vom Anfang an existiert und wird in alle Ewigkeit bestehen. Mögling nennt den Logos die "Sonne, die ewige, perfekte Triade, "*sacratissima monas triade ligata*", die heiligste Monade verbunden mit der Triade; diese Worte erinnern an Khunrath erinnern. Mögling ermahnt seine Leser, dass eine neue Ära bevorsteht und sie lernen müssen, sich selbst und Gott zu erkennen, so dass sie "auf die hell scheinende Sonne mit ruhigem Bewusstsein zugehen können". Die direkte Erfahrung Gottes und der Natur ist es, die der Mensch nötig habe, kein "Schulwissen".

Das Tetragrammaton, das man in allen Kupferstichen findet, wird hier dargestellt in einem geflügelten strahlenden Kreis, der mit dem Satz "sub umbra alarum tuarum, Jehova", unter dem Schatten deiner Flügel, Jehova (Psalm 36:7), versehen ist, der sich auch auf einer Schriftrolle auf der Titelseite des *Speculum* findet. Es gibt drei Sätze, einen oben, einen in der Mitte und einen unten: "Omnia ab uno", alles kommt aus dem Einen, "omnia ad unum", alles kehrt zu dem Einen zurück, und "tibi veritas simplex", lass dir dies eine einfache Wahrheit sein. Aus diesem strahlenden Kreis, der das Tetragrammaton beinhaltet, kommt die Natur hervor mit ihren vier Elementen: ignis (Feuer), terra (Erde), aqua

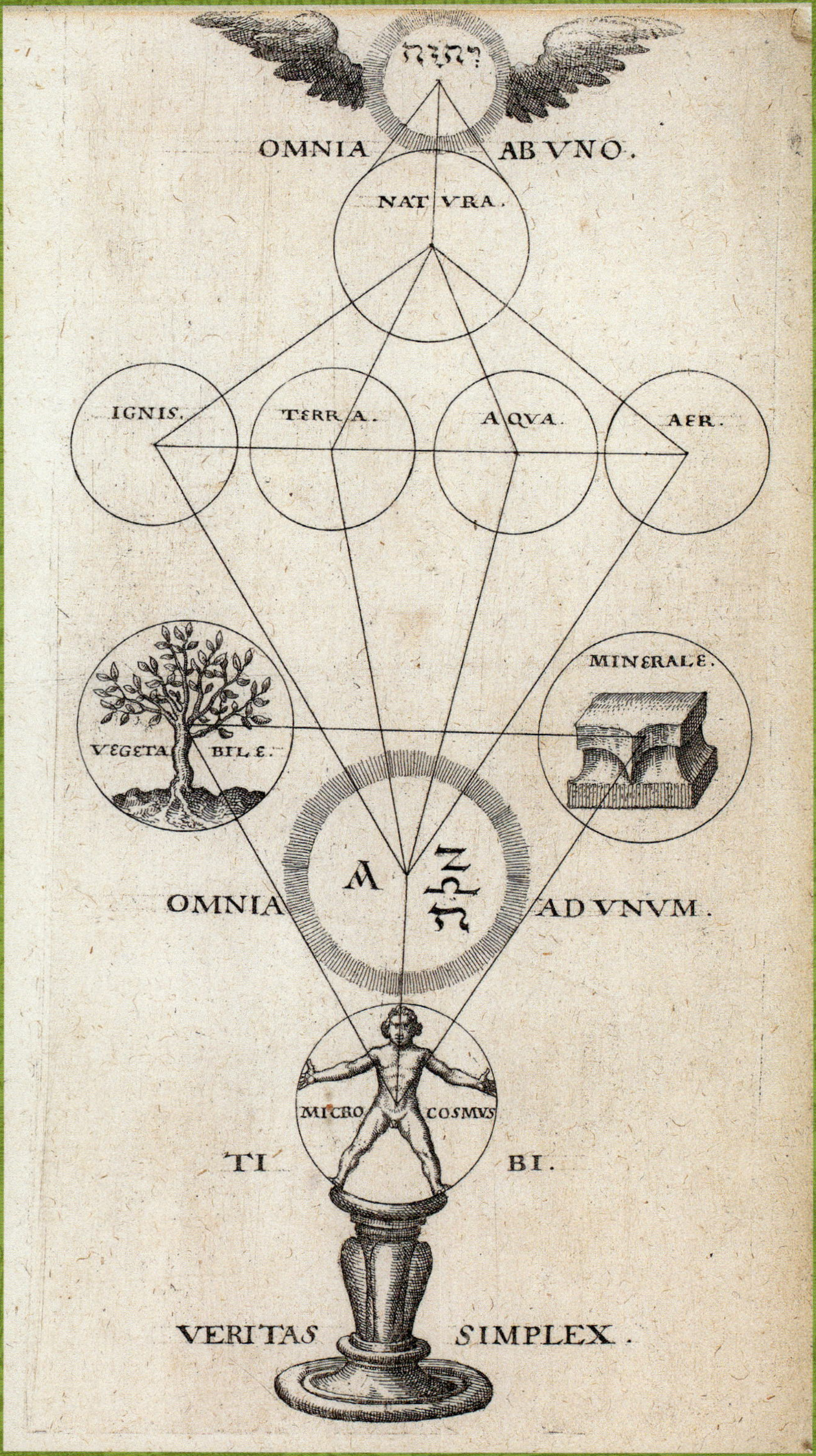

Mögling, *Speculum* 1618

(Wasser) und aer (Luft). Das Pflanzen- und das Tierreich in den beiden Kreisen unter den vier Elementen verbinden sich mit dem Menschen, dem Mikrokosmos, der auch mit dem strahlenden Kreis über ihm verbunden ist, der die Buchstaben A Z O T enthält (das Alpha und Omega sind auf der gleichen Linie gedruckt, aber alle vier Buchstaben buchstabieren das Wort AZOT, die Urmaterie symbolisierend, den "Stein der Weisen"). AZOT kommt auch in Khunraths drittem Kupferstich des *Amphitheatrum* "Erkenne die Natur" vor. Diese Kosmologie, dieser Arbor pansophiae oder Baum der universellen Weisheit, ist der letzte Stich des *Speculum*. Gott hat nicht nur den Menschen, sondern auch Himmel und Erde, die Elemente, das Pflanzen-, das Tier- und das Mineralreich nach seinem Bilde geschaffen:

> In jedes Geschöpf hat er eine verborgene göttliche, lebendige Kraft gepflanzt, durch welche alle Geschöpfe wachsen und gedeihen; diese wird Natur genannt, Regel und Leitfaden aller Künste, Magd Gottes und Meisterin aller menschlichen Fähigkeiten, die Mutter aller tierischen, pflanzlichen und mineralischen Dinge, das strahlende Leuchten göttlicher Flammen.

Daniël Mögling, einer der wichtigsten Dolmetscher der Botschaft der Rosenkreuzer-Manifeste, der sich auf den Menschen als Mikrokosmos bezieht, erläutert, dass der Mensch aus zwei Teilen zusammengesetzt ist, dem sichtbaren Körper (seiner menschliche Natur) und einem unsichtbaren Körper (seiner göttliche Natur). Indem man sich selbst erkennt, lernt man auch Gott zu erkennen. Dass der Mensch ein Mikrokosmos ist, ist das Geschenk Gottes an die Menschheit. Jedes Verständnis für die Schöpfung, so sagt er, gründet sich im Verständnis Gottes: "Dies nennt man die Pansophia Rhodostaurotica; es ist des Menschen höchste Perfektion in seiner Welt, in der alle Schätze verborgen sind".

Ein Privilegium mit ewiger Gültigkeit

Khunraths *Amphitheatrum* wurde mit einem kaiserlichen Privilegium für einen Zeitraum von zehn Jahren gedruckt ("cum privilegio Caesareae Majest. Ad decennium a prima impressionis die"). Ein Privilegium wurde im Falle von wertvollen Arbeiten oft erbeten, um Raubdrucke zu verhindern und die Investitionen für das Original zu verringern. Das Privilegium für Möglings *Speculum* wurde durch Gott und Natur gewährt: "cum privilegio Dei & naturae", einem Privilegium mit ewiger Gültigkeit: "in ewigkeit umzustossen". Die exquisite Szene unter dem Titel verspricht dem Leser Möglings "wahres Gesicht, Leben und Position". Es zeigt ein Schiff, das auf ein mit einem Kranz versehenes Kreuz zusteuert (das Rosenkreuz?). Auf der rechten Seite befindet sich das Tetragrammaton, über ihm Gottes Hände aus den Wolken, die Flügel eines Engels haltend. Hier wird die höhere Welt angedeutet. Daneben gibt es auch die niedere Welt, in der Mögling sich selbst befindet (das Herz trägt die Initialen "T.S.": Theophilus Schweighardt oder Mögling) und wo Ignoranz, Armut und ein Meer von Meinungen die Vorherrschaft haben. Im unteren Teil der Titelseite befindet sich eine Inschrift, die den Leser ermahnt, zuerst das Reich Gottes zu suchen (in einer Anspielung auf Matthäus 6:33: "Quaerite primum regnum coelorum"). Diesen Teil des Kupferstiches kopierte Merian von Möglings Freund Bonaventura Reihing, der einen Kupferstich für Möglings *Pandora sextae aetatis* (Pandora des Sechsten Zeitalters) angefertigt und im Jahr davor veröffentlicht hatte.

Stephan Michelspacher

Über Stephan Michelspacher ist wenig bekannt, abgesehen von der Tatsache, dass er als paracelsistischer Arzt in Tirol im frühen siebzehnten Jahrhundert Medizin praktizierte und um 1613 nach Augsburg aufbrach, um dort einen Buchverlag zu gründen, den er bis 1619 betrieb. Anstatt als Lutheraner im rekatholisierten Tirol zu leben, ging er wahrscheinlich nach Augsburg, um einem ähnlichen Schicksal zu entkommen, das Adam Halsmayr erleiden musste, der von den Jesuiten verfolgt wurde und sich auf einem Galeerenschiff wiederfand. Als eine der Städte des Heiligen Römischen Reiches war Augsburg ein Ort, in dem es der protestantischen und der katholischen Religion erlaubt war, nebeneinander zu existieren. Michelspacher war ein Freund des Rosenkreuzer-Anwalts Daniel Mögling, dessen *Speculum* drei Jahre nach Michelspachers *Cabala* veröffentlicht wurde. Zwischen 1618 und 1621 lebte Mögling im Haus des Mathematikers und Rosenkreuzer-Anhängers Johannes Faulhaber, dessen Werke Michelspacher ebenfalls veröffentlichte. Michelspacher widmete die eigene *Cabala* seinem Freund und Kollegen Johann Remmelin (1583-1632). Mit Remmelin hatte er an dessen *Catoptron Microcosmicum* zusammengearbeitet, ein Werk über die menschliche Anatomie mit einer Serie von komplexen Drucken, gestochen von Lucas Kilian (1579-1637) und erstmals 1613 von Michelspacher veröffentlicht. Dieses anatomische Werk diskutiert den Makrokosmos und den Mikrokosmos als Reflexion der göttlichen Schöpfung. Philip Hainhofer (1568-1647), ein Kaufmann und Kunstsammler aus Augsburg, ist eine andere wichtige Figur im Zusammenhang mit Michelspacher. Man hält es für sehr gut möglich, dass die Liste von Michelspachers Veröffentlichungen, die von der Alchemie, Anatomie und Geometrie bis zur Musik reichen, zum Teil die Interessen von Hainhofer wiedergibt. Obwohl Michelspachers Aktivitäten als Herausgeber bis 1619 dokumentiert sind und nach diesem Datum wenig von ihm bekannt ist, hat Daniel Mögling im Jahr 1630 durch seinen Freund Wilhelm Schickard weiter darum gebeten, dass man ihn nicht vergessen möge.

Cabala: Spiegel der Kunst und Natur, in Alchymia

Michelspachers *Cabala: Spiegel der Kunst und Natur, in Alchymia* ist ein symbolisches Meisterstück, das alchemische, astrologische und kabbalistische Elemente vereinigt. Diese paracelsistische alchemische Abhandlung erschien erstmals im Jahr 1615 in deutscher Sprache; der Drucker war David Francke aus Augsburg. Die vier Stiche waren von Michelspacher gestaltet und von Raphael Custos, auch Custodis genannt (1590/91-1664), gestochen worden. Letzterer war ein in Augsburg lebender GKupfersticher und Herausgeber; sein Vater Dominicus Custos hatte als Kupfersticherfür Rudolph II. in Prag gearbeitet. Eine lateinische Ausgabe, *Cabala, Speculum Artis et Naturae, in Alchymia*, wurde im folgenden Jahr (1616) veröffentlicht. Die lateinische Ausgabe der *Cabala* von 1616enthält eine Widmung an die Rosenkreuzer-Bruderschaft: "Rosea Crucis fraternitati dicata edita, quo hac in materia amplius nil desideretur" (herausgegeben und gewidmet der Bruderschaft des Rosenkreuzes, ein größerer Beweis könnte in dieser Angelegenheit nicht erwartet werden).

Auf die Widmung folgt eine neunseitige Abhandlung, die in fünf Teile unterteilt ist: 1) "Eingang an den Leser dieser Kunst", 2) "Vorred", 3) "Kunst", 4) "Erklärung der Kunst"; und 5) "Zum Beschluß ein Erklärung des uhralten Steins". Andere Werke von Michelspacher sind *Ein sehr nöthiger Zettel, auff alle Jahr gerichtet, vom Aderlassen, Schräpffen und Arzneyen, auch Haar, Baart und Nägel afschneiden* (Rempten, 1616) und *Novus Partus, siue Concertationes Musicae, Duodena Trium, Ac Totidem binarum Testudinum* (Augsburg, 1617), das er gemeinsam mit Jean-Baptiste Besard veröffentlichte.

Michelspachers "Cabala" sollte gelesen werden als "Cabala chymica" oder "Chemia cabalistica", i.e. in paracelsistischer Sinne. Somit ist in Paracelsus" *Philosophia sagax*, die "Ars Cabalistica" eine kraftvolle Zugabe zur Naturmagie. In seiner Cabala gibt Michelspacher eine Erklärung der alchemischen Tätigkeiten, die in den Kupferstichen dargestellt sind. Er erklärt, dass bei der richtigen Befolgung der Stufen dieses Prozesses die verborgenen Geheimnisse der Natur deutlich werden und das Große Werk vollendet werden kann:

> Durch die grad, oder staplen so in der ordnung, in *Labore* sollen durchgangen werden. Als Erstlich die Figur No.1 anzeigt, den grad der *Calcination*, dabei verstanden, das *Reverberiren*, auch das *Cummendiren*. Die ander Figur inhalt ihres grads, als die *Exaltation*, darunter beriffen die *Sublimation*, und *Elevation*, sampt der *Distillation*. Die dritte Figur, belangt die *Conjunction*, darin wird auch verstanden, die *Putrefaction*, auch die *Solution*, *Desolution*, und *Resolution*, auch die *Digestion*, und *Circulation*. Die vierte Figur, helt in sich die *Multiplication*, dabei ach verstanden, das *Ascendirn Lavirn*, *Inbibiren*, *Cohobirn*, auch *Coaguliren*, *Figirn*, *Augmentiern*, *Tingiern*.

Der erste Kupferstich mit dem Titel *Spigel der Kunst und Natur* symbolisiert den Beginn des alchemischen Prozesses durch die Tätigkeiten der Calzinierung, der Reverberation und der Zementation. Es ist das übergeordnete Ziel dieses Prozesses, den "Körper" zu entfernen, d. h. Salz und philosophisches Quecksilber von der Materie zu trennen. Paracelsus glaubte, dass alle Metalle aus drei Basisprinzipien zusammengesetzt seien: Salz, Quecksilber und Schwefel oder: die *tria prima* ("die drei ersten Dinge"). Diese Idee ist abgeleitet von der Quecksilber-Schwefel-Theorie des islamischen Alchemisten Jābir, der die Behauptung aufstellte, dass Schwefel (Festigkeit) und Quecksilber (Fließvermögen) die Basis aller Metalle seien.

Wenn diese zwei Prinzipien in verschiedenen Anteilen und Reinheitsgraden kombiniert werden, entständen Metalle. Während Jābirs Theorie sich nur auf die Metalle und einige Mineralien bezog, fügte Paracelsus das Salzprinzip hinzu, um die grundsätzlichen Elemente alles Seienden zu erfassen. Er glaubte, dass durch die chemische Trennung von Substanzen ihre Toxizität aufgehoben und Salz, Quecksilber und Schwefel gereinigt und kraftvoller zurückblieben. Der zweite Kupferstich zeigt gemäß Michelspacher, wie man den philosophischen Schwefel durch Exaltation, Sublimation, Elevation und Destillation erhält. Diese Methoden trennen das Feine vom Groben, das Flüchtige vom Festen, Geist und Seele vom Körper, d. h. der Schwefel wird vom Salz getrennt. Der dritte Kupferstich illustriert sodann die Vorgänge der Konjunktion, der Putrefaction, der Solution, der Dissolution, deer Digestion und der Zirkulation. Während dieses Prozesses werden das vorher extrahierte Quecksilber und der Schwefel kombiniert und für die Putrefaction vorbereitet, der Trennung des Reinen vom Unreinen. Zuletzt zeigt der vierte Kupferstich die Vorgänge der Multiplikation, der Aszension, der Lavation, der Imbibition, der Kohobation, der Koagulation, der Fixierung und der Augmentation. Das letzte Ziel all dieser chemischen Vorgänge ist die Tinktur, der "Schatz der Schätze", der Medizin, nach welcher der Alchemist gesucht hat.

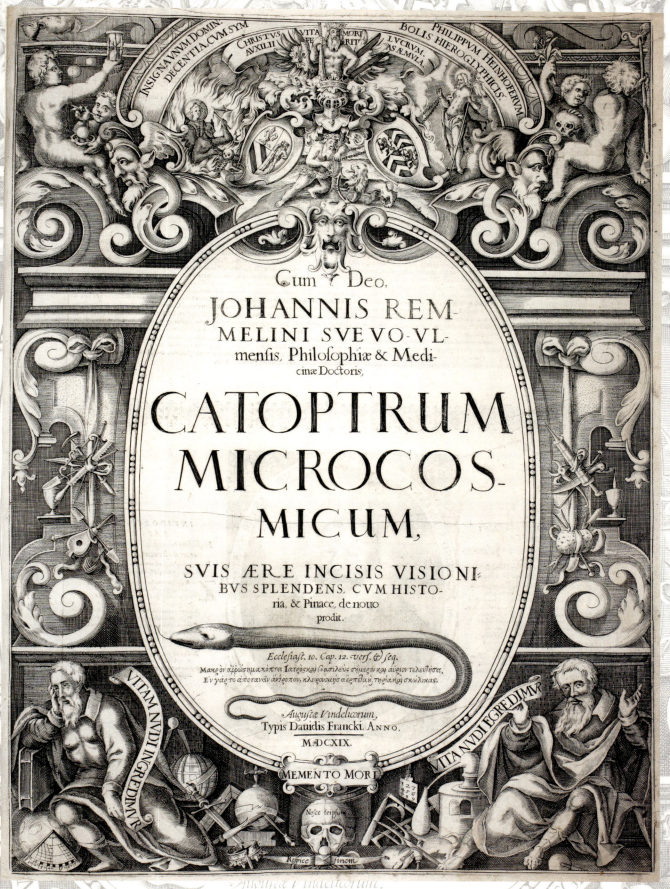

– Die Botschaft der Rosenkreuzer-Manifeste in der Bildsprache des 17. Jahrhundert –

Spiegel der Kunst und Natur: Der erste Kupferstich

Anders als die übrigen drei Illustrationen scheint dieser Kupferstich aus mehreren voneinander getrennten Bildern zu bestehen. Das Wappen an der Spitze des Kupferstiches ist nicht Michelspachers persönliches Wappen oder das seiner Vorfahren, weshalb wir es hier wahrscheinlich mit einem alchemischen Wappen zu tun haben. Ein sich wiederholendes Muster auf den Wappen sind die drei Reihen in den Farben Weiß, Rot und Schwarz. Sie beziehen sich wahrscheinlich auf die drei paracelsistischen Prinzipien, Quecksilber, Schwefel und Salz, oder auf die drei wichtigsten Stufen des *Opus Magnum*: albedo (weiß), rubedo (rot) und nigredo (schwarz). An der Spitze befindet sich eine Krone und als Referenz auf den Phoenix sind Flügel angebracht, ein Symbol für den Stein der Weisen und die Vollendung des alchemischen Werkes. Der verlängerte Teil der Krone zeigt sieben kleine Pfeile, die, in verschiedene Richtungen zeigend, auf die sieben Stufen der Transmutation hinweisen. Der Kampf zwischen dem flüchtigen Adler und dem fixierten Löwen findet neben dem Wappen statt und illustriert den Vorgang der Destillation, durch welchen das Fixierte beweglich wird. Über den Köpfen der Tiere befinden sich zwei kurze Verse:

Cabala und die Alchymei,
Geben dir die höchste Arzneynen.
Darzu auch der Weisen Stein,
In dem das Fundament allein
Ligt, wie für Augen zusehen ist.
In disen Figu-ren zu der frist

Ach Gott hilf dass wir danckbar,
Für dise Gab so hoch und rein.
Wann du nun auffthust Herz und sinn,
Der da vollkommen ist hierinn
Zubereiten hie dises Werck
Dem sey gegeben alle Stärck.

Khunrath, *Vom hylealischen ... Chaos* 1597

Auf der linken Seite befindet sich ein Mann, der ein Buch mit dem Namen "Prima Materia" und einen Aludel mit dem Symbol für Antimon in Händen hält; er steht an der Säule der Natur. Auf der rechten Seite ist ein Mann zu sehen, der ein Buch namens "Ultima Materia" und einen Pelikan mit dem umgekehrten Antimon-Symbol in Händen hält und an der Säule der Kunst steht. Es ist interessant, dass der Mann mit dem Buch der Prima Materia den Leser anschaut und auf den Mann mit der Ultima Materia zuzugehen scheint, der scheinbar still steht und dessen Gesicht auf den anderen Mann gerichtet ist. Dies scheint anzudeuten, dass der Leser mit der Herstellung der Prima Materia beginnen muss, bevor er mit der Herstellung der Ultima Materia beginnen kann. Damit korrespondieren auch die beiden Bilder unterhalb der Säulen. Sie zeigen Bergleute, die Steine hauen und Mineralien sortieren, welche sie dem Berg abgerungen haben; es wird somit darauf hingewiesen, dass die Substanzen für den alchemischen Prozess in der Erde gefunden werden können. Diese Hinweise auf Natur und Kunst demonstrieren darüber hinaus, dass die Prima Materia von der Natur und die Ultima Materia von der Kunst der Alchemie bereitgestellt werden.

Zwischen den Bergarbeitern befinden sich zwei Diagramme. Hier bekommen wir eine Idee davon, was Michelspacher mit dem Gebrauch des Begriffes Kabbala beabsichtigt hat, denn der Kreis auf der linken Seite weist die alchemischen Worte "Vitriol" und "Azot" auf. Vitriol stammt von dem Akrostikon *vitriolum*: "Visita interiora terrae rectificandoque inveniens occultum lapidem verum medicinalum", das übersetzt wird mit "Besuche das Innere der Erde, und durch Läuterung wirst Du den wahren medizinischen Stein finden." Dies unterstreicht einmal mehr, dass die Prima Materia in der Erde gefunden werden kann. Das Wort Azot wird gebildet aus den ersten und letzten Buchstaben des lateinischen, griechischen und hebräischen Alphabetes. Wahrscheinlich bezieht es sich auf die Prima Materia und die Ultima Materia, die mit den ersten und letzten Buchstaben des lateinischen, griechischen und hebräischen Alphabetes geformt sind, im Sinne von *alles ist in allem enthalten*. Gemäß Paracelsus ist Azot die universelle Medizin und der endgültige Zweck des alchemischen Werkes. Die Worte Vitriol und Azot erscheinen in einem geometrischen Bild eines Kreises, Vierecks und Dreiecks, ähnlich Bernard Penots Titelseite des *De Denario Medico* (1608) und dem einundzwanzigsten Sinnbild in Michael Maiers *Atalanta fugiens* (1617). Heinrich Khunrath erwähnt diese geometrische Figur ebenfalls in seinem Werk *"Vom Hylealischen, das ist Primaterialischen Catholischen oder Allgemeinen Naturlichen Chaos"* (1597), in welchem er Aristoteles als die Originalquelle zitiert: "Mache aus Mann und Frau einen runden Kreis und extrahiere daraus ein Quadrat und aus dem Quadrat ein Dreieck und vom Dreieck mach einen runden Kreis und du wirst die Magistralformel erhalten."

Zwei gekrönte Schlangen umfangen die geometrische Figur, indem sie einen Hermesstab formen, womit sie zum Ausdruck bringen, dass Azot mit Sulfur gleichzusetzen ist, dem "Quecksilber der Philosophen". Aristoteles' elementare Eigenschaften, heiß, kalt, trocken und nass, sind neben dem Merkurstab dargestellt. Das Diagramm wird umschlossen von den 360 Grad des Tierkreiszeichens. Der Kreis auf der rechten Seite zeigt die vier Elemente Wasser, Erde, Luft und Feuer und die alchemischen Substanzen Schwefel, Wismut, Vitriol und Antimon. Paracelsus führt sie in seinem *Paragranum Philosophie, Astronomie, Alchemie und Tugend* als die vier Pfeiler der Medizin auf. Im Mittelpunkt

befinden sich die sieben Planetensymbole, jedes mit einer der vier Substanzen übereinstimmend. Um die Diagramme herum ist das Wort "GOTT" sichtbar, die Alchemie als *donum dei* darstellend: ein Geschenk Gottes. Das "A" und das "O" in der Mitte beziehen sich auf das "Alpha und Omega", Symbol der göttlichen Totalität. Es könnte auch ein Hinweis auf das oben genannte Azot sein und ist in diesem Sinne wahrscheinlich verbunden mit Michelspachers viertem Kupferstich, der Christus darstellt. Das andere Symbol in der Mitte der Diagramme ist eine Kombination der Buchstaben "M, L, P, S" und ist ein

Michelspacher, *Cabala* 1615

persönliches Monogramm für **MicheLSP**acher. Unterhalb der Diagramme befindet sich ein alchemisches Labor, in dem zwei Alchemisten bei ihrer magischen Arbeit gezeigt werden. Der Alchemist auf der linken Seite arbeitet an der *via humida* oder dem "Nassen Pfad", dargestellt durch zahlreiche Kolben und Öfen. Auf der rechten Seite ist die *via sicca* oder der "Trockene Pfad" mit seinen offenen Feuerstellen dargestellt.

Anfang. Exaltation: Der zweite Kupferstich

Der zweite Kupferstich illustriert den "Anfang" des alchemischen Prozesses. Im Mittelpunkt des Bildes befindet sich das alchemische Gefäß oder das philosophische Ei, das eine Vielzahl von Tieren umschließt: Einen Löwen und einen Schwan, einen Raben, einen Pfau sowie einen Phönix. Schließlich entsteigt die Sonne dem Gefäß. Dies stellt den alchemischen Prozess dar, in welchem die unreinen Substanzen (Löwe und Schwan) sterben (der schwarze Rabe oder die Putrefaction) und dann "wiedergeboren" werden (als Phoenix) in der solaren Perfektion des Steins der Weisen (der Sonne). Eine Zwischenstufe in diesem Prozess ist die *cauda pavonis*, der Pfauenschwanz. Über dem Gefäß befindet sich das Akronym "VWIWV", das für "Unser Wasser Ist Wasser Unser" steht. Ein größerer Stern befindet sich an der Spitze des Gefäßes und zeigt zum "M" für Merkur (Quecksilber), begleitet von zwei kleineren Drachen oder Chimären, die die Volatilität darstellen. Von diesem Stern gehen sechs Linien aus, jede zu einem einzelnen Stern im Kreis führend. Der feuerspeiende Drachen unter dem alchemischen Gefäß kann unterschiedlich interpretiert werden: Auf Grund seines flügellosen, fixierten Zustandes könnte er die *prima materia* darstellen. Es ist auch möglich, dass er sich auf das philosophische Quecksilber bezieht, das universelle Lösungsmittel, oder auf den "bösartigen Drachen" und "unser wahres, geheimes Gefäß, in dem unsere Sonne auf- und untergeht", wie es Eirenaeus Philalethes später in *Tres tractatus de metallorum transmutatione* (1668) beschreibt. Der Drache kann auch symbolisch das Feuer des alchemischen Prozesses darstellen. Als Hinweis auf das astrologische Zeichen Aries, dem ersten Zeichen des Tierkreises, hat Michelspacher den Drachen mit Hörnern ausgestattet, vielleicht darauf hinweisend, dass das alchemische Werk im Frühling beginnt. Das Euter des Drachens spielt auf den *lac virginis* oder die "Jungfrauenmilch" an, ein Hinweis auf Quecksilber als das "immerwährende Wasser und Wasser des Lebens", das mit dem abwärts weisenden Dreieck korrespondiert, Symbol des Elementes Wasser. Die *tria prima* des Paracelsus: Salz, Quecksilber und Schwefel ist im Dreieck um das Gefäß herum angeordnet. Den Drachen als sophisches Quecksilber zu interpretieren, wie Philalethes es tat, scheint aus diesem Grunde sehr wahrscheinlich. Ähnlich wie beim ersten Kupferstich ist das alchemische Gefäß umgeben vom astrologischen Tierkreis. Der zweite Kupferstich zeigt darüber hinaus ein 23-Buchstaben-Alphabet, das mit verschiedenen alchemischen Wortkonnotationen verbunden ist. Das Alphabet lautet wie folgt: A) steht für *Aurum* oder Gold; B) für *Blei*; C) für Cheiranthus cheiri (Goldlack), dem nachgesagt wird, dass es windtreibende und wärmende Effekte hat; D) für Drachenblut, das sich auf Quecksilbersulfid beziehen kann, jedoch typischerweise Bezug auf ein Abfallprodukt hat; E) für *Eisen*; F) sich auf die Farben der Arbeit beziehend; G) sich auf die Temperatur des Feuers beziehend; H) für den "Kopf des Raben", sich auf das *nigredo*-Stadium der alchemischen Arbeit beziehend; I) für *Iovis,* sich auf Jupiter oder Zinn beziehend; K) für *Küpffer* oder Kupfer; L) für *Luna* oder der Mond; M) für Merkur oder Quecksilber; N) für Natur; O) für Öl; P) für trinkbares Gold oder Tinktur; Q) für die Quintessenz; R) für die *Rebis*; S) für Salmiak; T) für die Pflanze Tragant; V) für Vitriol; X) sich auf *Essig* beziehend; II (oder Y) mit Bezug auf das Feuer und zuletzt Z) für *Zinnober*.

Michelspacher, *Cabala* 1615

Michelspacher, *Cabala* 1615

Mittel. Coniunctio: Der dritte Kupferstich

Dieses Bild, manchmal als der "Berg der Adepten" bezeichnet, symbolisiert das gesamte *Werk*. Paracelsus' sieben Stufen der Transmutation führen zum Tempel. Jede Stufe geht einher mit einem alchemischen Vorgang: Calcination, Sublimation, Solution, Putrefaction, Destillation, Coagulation und Tinktur. Zu diesem Thema sagte Paracelsus in *Von der Natur der Dinge* (1650):

> Jeder, der diese Leiter hinaufsteigt, kommt an einen wunderbaren Ort, an dem er viele Geheimnisse über die Transmutation der natürlichen Dinge erfahren wird.

Der aufsteigende Aspekt dieser Stufen ist ein gebräuchliches Thema in den Emblemen und Allegorien im Mittelalter. Der Bezug ist hier die Jakobsleiter oder die Verbindung zwischen der irdischen und der himmlischen Welt, so wie es in den berühmten Worten der *Tabula Smaragdina* heißt "Wie unten, so oben und wie oben, so unten". Die Figuren auf dem Berg zeigen die sieben Götter, welche die sieben Metalle mit Quecksilber an der Spitze eines sechseckigen Brunnens repräsentieren. Zwei separate Wasserstrahlen entspringen der Quelle, und an ihrem Fuß können wir das Akronym "VWIWV" lesen. Die zwei Männer im Vordergrund zeigen, dass der Alchemist der Natur oder seinem natürlichen Instinkt folgen

muss, wie es auf der rechten Seite durch den Adepten gezeigt wird, der einem Tier in den Berg hinein folgt, während der andere Mann mit verbundenen Augen nicht im Stande ist, seinen Weg zu finden. Das Kaninchen, das den Berg betritt, symbolisiert die Natur, die *prima materia*, oder vielleicht die flüchtige Natur des Quecksilbers. Innerhalb des Berges befindet sich ein Tempel, in dem die Heilige Hochzeit oder Conjunctio des Königs und der Königin stattfindet, mit dem Athanor im Hintergrund. Die Königin hält drei Blumen in der Hand, die sich wahrscheinlich auf die weiße und lunare "philosophische Tinktur", die rote und solare "metallische Tinktur" und die blaue "Blume der Weisheit" beziehen. In der paracelsistischen Alchemie kann die Zahl drei auch die *tria prima* oder die *albedo*-, *rubedo*- und *nigredo*-Stufen symbolisch repräsentieren. Sonne und Mond, der letztere von Sternen umgeben, schmücken die Kuppel, um die Heilige Hochzeit zu reflektieren. Ein Phoenix, seine Flügel weit ausgestreckt, steht auf der Spitze des Tempels als "Krone der alchemischen Arbeit", die Vollendung des Großen Werkes symbolisierend.

Der Berg selbst zeigt an: So wie der Tempel im Berg verborgen ist, so liegt der Stein der Weisen "in der Erde begraben und muss dem Berg abgerungen und gesäubert werden", was uns an das VITRIOLUM-Akronym erinnert. Es ist auch möglich, dass der Berg das alchemische Gefäß selbst repräsentiert. Gemäß Hermes Trismegistos ist "die Erde die Amme", was darauf hindeuten könnte, dass das Gefäß aus einer Art Erde oder Lehm gemacht ist. Der Tempel selbst stellt damit den Inhalt des alchemischen Gefäßes dar, worin der König und die Königin, männlich und weiblich, zusammengefügt sind im Prozess der Vereinigung. Der Berg könnte jedoch auch den Ofen darstellen, der das Gefäß, d.h. den Tempel heizt oder "ernährt".

Michelspacher, *Cabala* 1615

Bei näherer Betrachtung sehen wir, dass der Berg selbst sowohl auf der Erde als auch im Wasser steht. Übereinstimmend mit diesen beiden Elementen befinden sich vier Kreise in den Ecken des Kupferstiches, die die vier Elemente Erde, Wasser, Luft und Feuer darstellen sowie möglicherweise auf den gesamten Prozess und seine Vollständigkeit hinweisen. Das Bild wird umrahmt von den zwölf Tierkreiszeichen und seinen Abstufungen, begleitet von zwölf alchemischen Hieroglyphen, wie zum Beispiel Verdigris, Vitriol, Sulphur, Sal Ammoniac, Zinnober, Auripigment, Salz von Tartar und Alaun. Die Tierkreiszeichen sind, statt in der sonst üblich Ordnung, so arrangiert, dass sie Bezug nehmen auf die Personifikationen der Planeten, analog zum *Das Thesaurus thesaurorum alchimistarum* oder *Schatz der Schätze für Alchemisten* (Huser Ausgabe, Teil 6, 1590), in der Paracelsus ausführt: "Schick Deine Sterne auf eine andere Umlaufbahn, und so sie in einer anderen Umlaufbahn sind, lass sie die Grenzlinie überschreiten." Der Stier ist das erste astrologische Zeichen in diesem Kreis, wiederum darauf hinweisend, dass das Werk im Frühling beginnt.

Endt. Multiplication: **Der vierte Kupferstich**

Im letzten Kupferstich der *Cabala* wird Christus als der "Stein der Weisen" dargestellt: Er sitzt in einem sechseckigen Taufbecken mit der Inschrift: "Der Brun des Lebens", was sich auf die regenerativen und heilenden Kräfte des Quecksilbers bezieht. Das Becken wird gekrönt mit einem dreistufigen Brunnen, ähnlich dem sechseckigen Brunnen des dritten Kupferstiches und einer gebräuchlichen Darstellung des "alchemischen Brunnens". Die oberste Stufe zeigt Merkur, der einen Hermesstab hält und einen sechszackigen Stern. Über ihm ist das Akronym "VWIWV" geschrieben, das auch im zweiten und dritten Kupferstich gezeigt wird. Saturn und Jupiter sind unter Merkur dargestellt, und darunter befinden sich Mars und Venus. Somit stellt der Brunnen dar, wie Quecksilber die anderen Metalle auflöst und sie in philosophisches Quecksilber verwandelt. Christus bietet Sonne und Mond, die zu beiden Seiten neben ihm knien, zwei Kelche dar. Vor ihnen liegen drei, beziehungsweise zwei Kronen, die mit den fünf verbleibenden Planetenzeichen an der Basis des Kupferstiches verbunden sind, welche ihren Blasebalg wütend Sonne und Mond entgegen schleudern. Ein gekreuztes Paar flammender Schwerter schwebt über ihnen. Sie scheinen auf einer Bergesspitze zu stehen, möglicherweise der gleichen Spitze, die im dritten Kupferstich gezeigt wird, der einen ähnlichen Brunnen auf dem Gipfel zeigt. Die Szenerie ist von Wolken umrahmt, uns an das Wort des Hermes Trismegistos erinnernd, dass es "wie oben so unten" und umgekehrt ist. Hinter Christus führt ein gewundener Pfad oder Wasserstrom zur ummauerten Stadt Jerusalem, wo eine Szene von Christi Leiden abgebildet ist. Ein Engel schwebt über der Stadt. Eine gerade Linie verbindet die Stadt Jerusalem mit dem Tetragrammaton, dem hebräischen Namen Gottes, dargestellt in der Sonne. Von dort fliegt die Taube des Heiligen Geistes, Merkur in ihrem Flug passierend, um dann hinab in das Becken zu tauchen. So bildet sich ein gleichseitiges Dreieck, geformt durch den Apex im Tetragrammaton sowie dem Becken und der Stadt Jerusalem als Basisecken. Ein Regenbogen umgibt die Szene, während das Becken von einem quadratischen Weinberg umrahmt wird. Diese Anordnung von Kreis, Quadrat und Dreieck ist dem geometrischen Diagramm im ersten Kupferstich der *Cabala* ähnlich.

Robert Fludd

Robert Fludd (1574-1637) ist der Autor von mehr als zwanzig philosophischen, medizinischen und wissenschaftlichen Arbeiten. Die ersten drei Bücher, die er schrieb, waren jedoch Verteidigungsschriften für die Rosenkreuzerbewegung. Nach vielen Jahren des Reisens auf dem Kontinent in den Jahren 1598-1604 kehrte er nach England zurück, um das Medizinstudium wieder aufzunehmen. Auf Grund seiner Geringschätzung der Doktrinen von Galen und seiner Loyalität gegenüber den paracelsistischen Prinzipien dauerte es sehr lange, bis er von seinen orthodoxen Kollegen akzeptiert wurde. Als hart arbeitender Arzt baute er in London eine florierende Praxis auf. Es gibt mehrere Theorien darüber, wie Fludd mit dem rosenkreuzerischen Gedankengut in Kontakt kam. Prag, das während der Regierungszeit von Rudolph II. (1552-1612) zu einem berühmten Zentrum der Alchemie, Magie und Astrologie geworden war, ist wahrscheinlich der Ort, an dem er mit Personen aus den philosophischen und politischen Kreisen, die auch die Basis der Rosenkreuzerbewegung bildeten, in Kontakt gekommen ist. Man hatte wohl geglaubt, dass Michael Maier Fludd in die Welt der Rosenkreuzer eingeführt hat; kürzlich wurde die

DEO
OPTIMO MAXIMO,
CREATORI MEO INCOMPREHENSIBILI,
SIT GLORIA, LAUS, HONOR, BENEDICTIO ET VICTORIA TRIUMPHALIS,
IN SECULA SECULORUM, AMEN.

Hauptsponsor von Fludds Buch: Der allmächtige Gott

In der Vergangenheit waren Werke oftmals einem Prinzen oder einer erlesenen Person gewidmet. Die zugrunde gelegten Motive waren jedoch nicht nur Bewunderung und der Wunsch, öffentlich Ehre zu bekunden, die Schriftsteller schufen auch Widmungen in der Hoffnung auf finanzielle Unterstützung oder Gönnerschaft. Fludd scheint im Falle seines Buches *Utriusque cosmi historia* (1618) ebenfalls diesem Weg zu folgen, wobei dies natürlich nur vor dem Hintergrund der Tatsache geschieht, dass er das Werk nicht irgendeinem weltlichen Herrscher, sondern Gott widmet! Sowohl der erste als auch der zweite Teil dieses Werkes, das von der großen und der kleinen Welt handelt, enthalten zwei getrennte Widmungen an Gott, die Fludds überwältigende Bewunderung für den Schöpfer zum Ausdruck bringen. Fludd unterzeichnet die Widmung in Teil 1 folgendermaßen: "Tua Creatura, omnium indignissimum, ego, homo" (Dein Geschöpf bin ich, Mensch, von allen Dingen das unwichtigste). In Teil 2 unterzeichnet Fludd selbst als "Creatura tua in bonitate luminis tui felicissima, Ego Hominis Filius" (Deine Schöpfung ist am glücklichsten in der Güte Deines Lichtes, ich der Sohn des Menschen.) Nicht vollkommen blind für die Realität, hat er jedoch in Teil 1 eine zweite Widmung an König James I gerichtet, an dessen Hof Fludd ein willkommener Gast war. Fludd nennt James "Ter maximus" (dreifach Großer), ein Beiname, der normalerweise dem großen Hermes vorbehalten ist.

Theorie in Umlauf gebracht, dass es genau anders herum gewesen sei, jedoch ist nicht sicher, ob sich die beiden jemals tatsächlich getroffen haben.

Fludds Hauptwerk *Utriusque cosmi ... historia* (Geschichte beider Welten, 1618-1621), das er während seiner Reisen schrieb und das anschließend von Johann Theodor de Bry in Oppenheim veröffentlicht wurde, ist eine Art Enzyklopädie: Es handelt von allem, was man über Welt und Mensch wissen musste. Die in diesem Werk dargelegten Grundkonzepte - wie zum Beispiel das Kontinuum zwischen Geist und Materie, zwischen der inneren Erfahrung des Menschen, dem äußeren Prozess der Natur und dem Ersten Grund, Gott - waren grundsätzlich die gleichen wie die, welche den Idealen der universellen Reformation der Rosenkreuzer zugrunde lagen. Robert Fludd versuchte auch, eine Reformation des Wissens hervorzubringen. Fludd selbst jedoch sagte, dass sein *Utriusque cosmi ... historia* schon zu weiten Teilen fertig gestellt gewesen sei, bevor er jemals von den Rosenkreuzern gehört habe!

Es war Teil von Fludds Methode, alte Binsenwahrheiten mit neuen Begriffen und neuer Bedeutung zu füllen: Sein Werk basierte auf dem bereits in der Renaissance formulierten Konzept der drei Welten, z. B. beschrieben in Giovanni Pico della Mirandolas *Heptaplus* (ca. 1490):

> In der Antike stellt man sich drei Welten vor. Die höchste von allen ist die der Überwelt, eine, die Theologen die "Engelhafte" und Philosophen die "Einleuchtende" nennen, die, wie Plato im *Phaedrus* sagt, niemals jemand angemessen besungen hat. An diese schließt sich die himmlische Welt an und als letzte diese sublunare, die wir bewohnen. Diese ist die Welt der Dunkelheit, jene die Welt des Lichtes; die Himmel sind zusammengesetzt aus Licht und Finsternis.

Wenn die Aufteilung der Welt in drei Teile eine vertikale Hierarchie entstehen ließ und dadurch dem Renaissance-Verstand drei grundlegende Längengrade gab, war es der Gedanke der Einheit all dieser Welten, der diesen Landkarten ihre Breitengrade gab. Pico erklärt:

> Vor allem muss man berücksichtigen, (...) dass diese drei Welten eine Welt sind, nicht nur weil sie alle den gleichen Ursprung und das gleiche Ende haben, oder weil sie, durch entsprechende Maße reguliert, sowohl durch ein bestimmtes harmonisches Verwandtschaftsverhältnis ihrer Natur als auch durch eine bestimmte Anordnung der Sphären verbunden sind. Nein, jede dieser Welten ist gleichzeitig in der anderen enthalten, und da ist nichts in ihnen, das nicht auch in jeder der anderen gefunden werden könnte.

Im Menschen, dem Mikrokosmos, befinden sich diese drei Welten in seinem Verstand, seiner Seele und seinem Körper. Der Verstand kennt die Natur der erfassbaren Welt, die Seele kann mit den Planeten der himmlischen Welt in Harmonie sein, und der Körper wird von der irdischen Welt beherrscht. Zu gleicher Zeit sind diese Welten eins, und weil Mikrokosmos und Makrokosmos eins sind, ermöglichen sie einen Prozess des Auf- und Niedersteigens zwischen dem Niedrigsten und dem Höchsten. Das erinnert stark an das "Wie oben, so unten", die Worte der hermetischen *Tabula Smaragdina* oder *smaragdenen Tafel*, die vielleicht kompakteste und prägnanteste Formulierung der Idee, dass im Kosmos alles miteinander zusammenhängt.

Einige Bilder aus Utriusque cosmi ... historia

Die Kupferstiche in *Utriusque cosmi ... historia* (von denen einige signiert sind) wurden

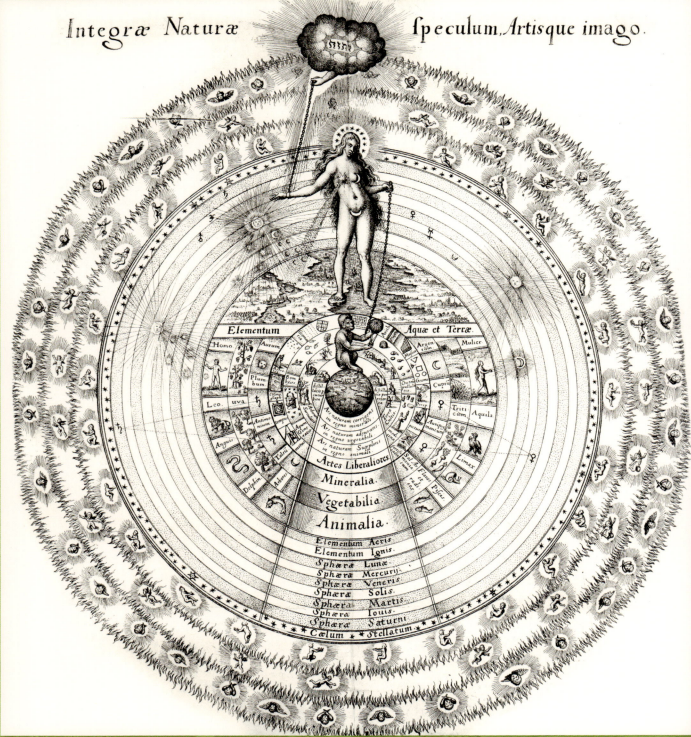

Fludd, *Utriusque cosmi ... historia* 1617

zum großen Teil von Matthäus Merian (1593-1650) angefertigt, einige auch von seinem Schwiegervater, Johann Theodor de Bry (1561-1623). Fludd hat wahrscheinlich die meisten Entwürfe für die Kupferstiche geschaffen. Die British Library in London bewahrt ein Manuskript in Fludds Handschrift, das einen Teil von den Traktaten aus *De natura simia* darstellt – eines Teils der *Utriusque cosmi ... historia* mit seiner eigenen Titelseite - welcher eine akkurate Zeichnung einer Wasserpumpe enthält, die exakt in den Kupferstich hineinkopiert wurde (Ms. Sloane 870).

Die sublunare Welt und wie sie mit den höheren Welten verbunden ist
Die Inschrift des Kupferstiches lautet "Integrae naturae speculum artisque imago" (Der Spiegel der Ganzen Natur und das Abbild der Kunst). Gemäß dem traditionellen ptolemäischen geozentrischen System sehen wir die Erde und nicht der Sonne im Zentrum des Universums. Von den äußersten Kreisen (Engel, Planeten) bis zum Zentrum ist die sublunare Welt detailgetreu gezeichnet. Unter den vier Elementen - den Hauptbestandteilen der Erde - haben Feuer und Luft jeweils ihren eigenen symbolischen Kreis, jedoch sind Wasser und Erde als realistische Landschaft gezeichnet, auf der die Natur als Bild einer wunderschönen Jungfrau

steht. Die drei Naturreiche werden den vier Elementen untergeordnet dargestellt: das Tierreich (mit den Bildern eines Delphins, einer Schlange, eines Löwen, einer Frau, eines Adlers, einer Schnecke und eines Fisches); das Pflanzenreich (mit Bäumen, Trauben, Weizen, Blumen und Wurzeln); das Mineralreich (mit Talkum, Antimon, Blei, Gold, Silber, Kupfer, Auripigment und Ammoniaksalz); jedes wird vom entsprechenden Planeten beherrscht. Gestrichelte Linien zeigen die Verbindungen zwischen den planetaren und den elementaren Welten auf: Saturn ist verbunden mit Blei, die Sonne ist mit dem Mann, der Mond mit der Frau verbunden, dessen monatlicher Umlauf ihren Körper imitiert.

In dieser Erklärung liefert Fludd eine ausführliche Beschreibung der Gestalt der Natur: Er betont, dass "sie keine Göttin ist, aber die Gott am nächsten stehende Gehilfin". Sie ist mit Gott verbunden (repräsentiert durch das Tetragrammaton) durch eine Kette (Homers *Catena aurea*, die sich durch die gesamte Hierarchie der Schöpfung zieht). Sie ist es, die die Sphäre der Sterne bewegt und die planetaren Einflüsse auf die Kreaturen von ihrem Busen aus lenkt. "Ihr rechter Fuß steht auf der Erde, ihr linker im Wasser, die Verbindung zwischen Schwefel und Quecksilber symbolisierend, ohne die nichts geschaffen werden kann", wie Fludd es in alchemischer Terminologie ausdrückt. Sie ist Gottes kreative weibliche Kraft.

Die Gestalt der Natur wird in der Mitte des Kupferstiches durch eine Kette mit einem Affen verbunden. In Fludds Zeit hatte der Affe nicht die satirische Konnotation, die er später erhielt: die eines Mimikers, der menschliche Reaktionen überzeichnet und lächerlich macht. Fludd benutzt die Figur des Affens jedoch im Sinne eines Helfers der Natur, der diese imitiert und naturähnliche Dinge produziert. Diese nennt man "Artes"; in Fludds Tagen waren damit sowohl Kunst als auch Wissenschaft gemeint. Mithilfe dieser Fähigkeiten kann der Mensch ein besseres Verständnis von der Schöpfung erhalten und am Schöpfungsprozess teilnehmen. Die Künste im inneren Zirkel, die alle in Fludds Arbeit aufgelistet und erläutert werden, sind folgende: Freie Künste (hier: Ingenieurskunst, Zeiterfassung, Kosmographie, Astronomie, Geomantie, Arithmetik, Musik, Geometrie, perspektivisches Zeichnen, Malen und Festungsbau); die Kunst, die Natur im Tierreich zu lenken (Imkerei, Seidenraupen, Ausbrüten der Eier, Medizin); die Kunst der Naturunterstützung im Pflanzenreich (Pfropfung, Bodenkultivierung); die Kunst der Naturkorrektur im Mineralreich (Destillation mit Kolben und Retorte).

Was war vor der Schöpfung?

Diese Kupferstiche sind Teil einer Serie von 15 Darstellungen (in *Utriusque cosmi ... historia* I). Das schwarze Quadrat, das bei dem modernen Betrachter unmittelbar das berühmte Bild des russischen Malers Kazimir Malevich von 1913 in Erinnerung ruft - obwohl letzterer sicher Fludds Illustration nicht kannte -, symbolisiert die große Dunkelheit, die vor der Schöpfung war. Unförmige Materie ohne Maß und Menge oder *materia prima*. Paracelsus nennt es das Große Mysterium, welches, so sagt er, unerschaffen ist; andere bezeichnen es als Gottes erste Schöpfung. Fludd bezieht keinerlei Stellung, er stellt es lediglich als schwärzeste Wolke dar, die sich von Unendlichkeit zu Unendlichkeit erstreckt, so wie es um das schwarze Quadrat herum zu lesen ist: "et sic in infinitum". Für Merian muss es eine seltsame Anweisung gewesen sein, einfach die Oberfläche einer wertvollen Kupferplatte mit nichts als Linien zu gravieren!

Die Illustration mit dem Wort "Fiat" an der Spitze bildet den Beginn einer Serie, in der die Schöpfung von drei Reichen dargestellt wird: die vom Engelreich (empyreisch), vom Himmelreich (ätherisch) und vom Reich des Elementaren. Das sind die Ergebnisse der ersten drei Schöpfungstage. Jeder "Tag" ist durch einem Umlauf des Geistes Gottes bestimmt, der mit dem Wort "Fiat" (*es werde,* oder wie in "Fiat lux": *es werde Licht*) beginnt, wie hier in der Abbildung gezeigt wird.

Erklärung des Kosmos durch ein Musikinstrument

Das Monochord, ein Einsaiten-Instrument, wird seit der Antike in der Musikpädagogik benutzt. Hier symbolisiert es die Lebenskette: die gleichsam als "Tonleiter" verschiedener Lebensebenen von der Erde bis zu Gott reicht (dargestellt durch die Hand, die das Instrument stimmt). Die drei oberen Gebiete werden mit griechischen Namen benannt: *epiphaniae* oder Erscheinungen, darunter die *epiphonomiae* oder Stimmen und *ephiomae* oder Verkündungen. Als Nächstes folgen die sieben Planeten und die vier Elemente, die tiefste Region ist die Erde.

Das Musikinstrument ist natürlich auch ein Hinweis auf die Harmonie der Sphären: eine Idee, die ursprünglich auf Pythagoras zurückzuführen ist, wonach die himmlischen Körper (einschließlich der Erde) sich um ein zentrales Feuer bewegen. Die himmlischen Körper bringen ihre eigenen Klänge hervor, die Harmonie der Sphären, entsprechend ihrer Umlaufbahn im Orbit. Um 400 vor Christus entdeckte man, dass Klänge auf Bewegung basieren: Alle sich bewegenden Körper produzieren Klänge (einschließlich Saiten). Daraus schlussfolgerte man, dass die beweglichen Himmelskörper auch Klänge produzieren. Das Verhältnis der Radien dieser Umlaufbahnen ist wie das des Tones in einer Oktave. Nach der Entdeckung, dass die Intervalle einer Tonleiter auf einfachen numerischen Verhältnissen basieren und ein physikalisches Phänomen aus diesem Grunde einem mathematischen Gesetz unterliegt, war es klar, dass man nun versuchen musste, das Problem himmlischer Körper durch mathematische Gesetze zu lösen. In Fludds Darstellung des Monochords sehen

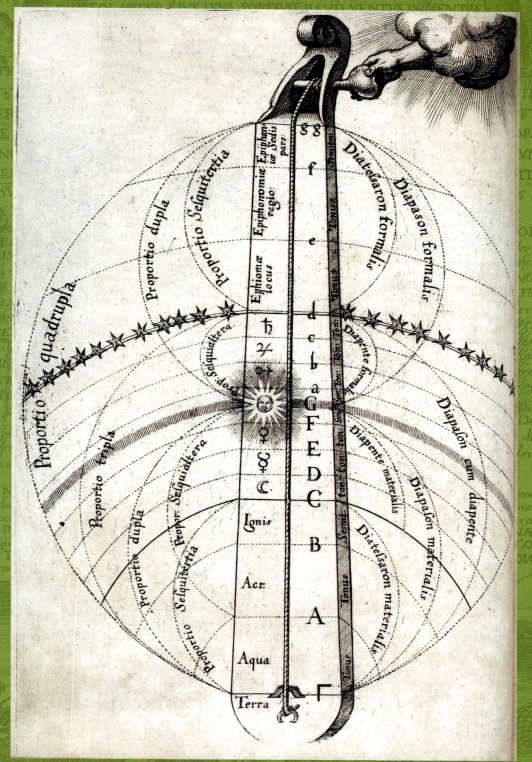

Fludd, *Utriusque cosmi … historia* 1617

Et sic in infinitum

Et sic in infinitum

Et sic in infinitum

Et sic in infinitum

Fludd, *Utriusque cosmi ... historia* 1617

Fludd, *Utriusque cosmi ... historia* 1617

wir auf der rechten Seite die griechischen Namen der Musikintervalle: diapason = Oktave; disdiapason = Doppeloktave; diapente = fünfte = 3:2; diatessaron = vierte = 4:3. Es ist nicht ungewöhnlich, eine solche Illustration in *Utriusque cosmi ... historia* zu finden: Fludd schenkte der Musiktheorie einen großen Teil seiner Aufmerksamkeit, die, wie wir hier bereits sehen, ein untrennbarer Teil seiner Philosophie des Kosmos war.

Der Mensch lebt in Drei Welten (Dies Microcosmicus Nox Microcosmica)

Die drei Welten, von denen der Mensch ein Teil ist, werden hier als drei konzentrische Kreise gezeigt, sie werden auf der linken Seite mit "Coelum empyreum microcosmi", "Coelum aethereum" und "Coelum elementare" bezeichnet (empyreischer Himmel des Mikrokosmos, ätherischer Himmel und Himmel des Elementaren). Diese korrespondieren dementsprechend mit dem Kopf des Menschen, mit seiner Brust und seinem Bauch, oder auf der mentalen Ebene mit Intellekt, Imagination und Vernunft. Jede hat eine helle und eine dunkle Hemisphäre, letztere wird hier dargestellt als eine "Masse mikrokosmischer Erde, als zwei Säulen, die das Universum im rechten Winkel tragen". Über dem Bild des Menschen ist eine Saite gespannt, der Monochordus harmoniae microcosmi (der Monochord der Harmonie des Mikrokosmos) genannt wird. Fludd nennt diese Saite den "spiritus mundi" und sagt weiter: "Der Körper bildet sich von der Nahrung, also aus den vier Elementen. Diese träge Masse wird durch die Seele belebt, die einer völlig anderen Ordnung entspringt. Die Harmonie dieser beiden Extreme wird ermöglicht durch den spiritus mundi, den durchsichtigen Geist."

Wie in der Darstellung des Monochords werden die Verbindungen und Beziehungen zwischen Mikrokosmos (Mensch) und Makrokosmos so angedeutet, als ob sie Musikintervalle sind.

Des Menschen Spirituelles Gehirn: ein Treffen der Gemüter

Wie kommuniziert Gott mit dem Menschen und wie kommuniziert der Mensch mit Gott? Dieser Kupferstich versucht Klarheit in diese Frage zu bringen. Wir sehen, dass der Mensch über die Eigenschaften, mit denen er ausgestattet ist, mit der göttlichen Welt verbunden ist: diese sind Vernunft (*ratio*), Intellekt und Gemüt (*mens*). Dieser Stich zeigt auch, dass hier eine Wechselwirkung besteht, da der Mensch auch in der Lage ist, mit Gott selbst zu kommunizieren. Der Mensch wird durch die göttliche Welt über ihm beeinflusst.

Die drei Bereiche des empyreischen oder weltlichen Himmels befinden sich genau über seinem Kopf. Es gibt einen "Kommunikationskanal", durch den die intellektuelle Welt Gottes und die Hierarchie der Engel in die Seele Eingang finden: Hier ist es eine Kombination von Verstand, Intellekt und Gemüt. Die Seele wird auch durch die Empfindungswelt informiert (links: *mundus sensibilis* - der Beginn eines anderen Kommunikationskanals zum Gehirn). Die Empfindungswelt wird im ersten Ventrikel in eine nicht greifbare Form umgewandelt, um dann im nächsten Ventrikel transzendent gemacht zu werden mithilfe der Kraft der Unterscheidung und der Einsicht. Die vier Elemente, aus denen die Empfindungswelt besteht (Erde, Wasser, Feuer, feine Luft und grobe Luft) korrespondieren mit den fünf Sinnen, wie die gestrichelten Linien zeigen. Erde bezieht sich auf Tastsinn (die Hand), Wasser auf Geschmack (den Mund), Feuer auf das Sehen (die Augen), grobe Luft auf das Riechen (die Nase) und feine Luft auf das Hören (das Ohr). Die imaginäre Welt (*mundus imaginabilis*) tritt direkt in die beiden Quer-Ventrikel ein. Im hinteren Teil des Kopfes ist der Sitz von Erinnerung und Bewegung. Fludd leitete einen großen Teil der Information über das physische Gehirn von Vesalius' epochalem Werk von 1543 über Anatomie *De humani*

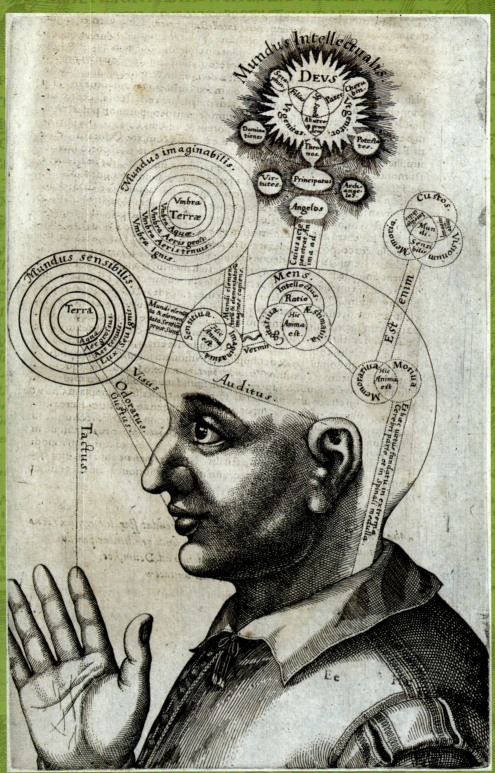

Fludd, *De praeternaturali utriusque mundi historia* 1621

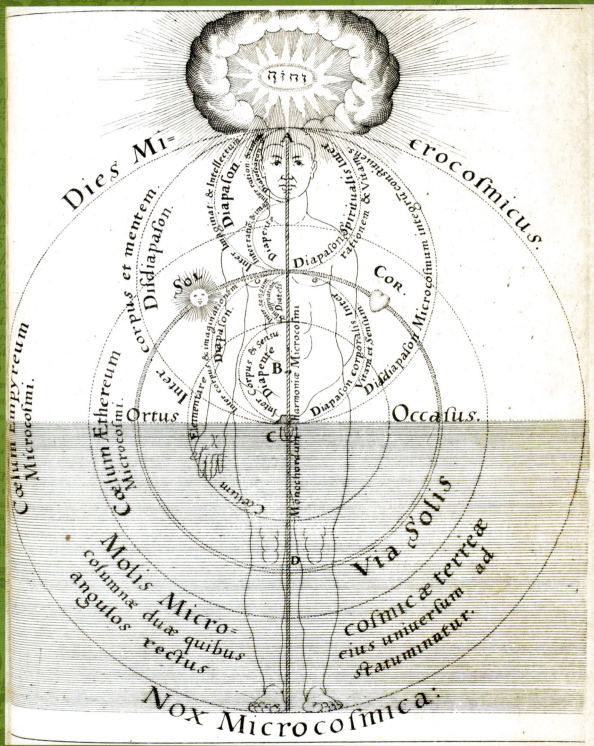

Fludd, *De praeternaturali utriusque mundi historia* 1621

Seraphini.		
Cherubini.	A	
Throni.		
Dominationes		
Principatus	B	
Potestates.		
Virtutes.		
Archangeli.	C	
Angeli.		
Primum Mobile		
Cœlum stellatū		
Saturnus.		
Iupiter.		
Mars.	D	
Sol.		
Venus.		
Mercurius.		
Luna.		
Ignis.	E	
Aer.		
Aqua.	F	
	Terra.	

Harmonia essentialis qua anima humana cuiuslibet regionum portionem ad suam constitutionem sibi rapit.

Ter Diapason triplicem animæ humanæ portionem constituens.

- Diapason spirituale / Diapente spirituale
- Diapason medium / Diapente medium
- Diapason materiale / Diapente materiale

A. *Mens simplex: spiraculum Dei.*
B. *Intellectus agens primum Mentis tegumentum seu Vehiculum:*
C. *Mens & intellectus in spiritu rationali, ratione, seu intellectu patiente.*
D. *Spiritus rationalis cum Mente & Intellectu in Anima media.*
E. *Anima media in latice æthereo natans; seu lux Vitalis cum Mente.*
F. *Corpus receptaculum omnium.*

Fludd, *De praeternaturali utriusque mundi historia* 1621

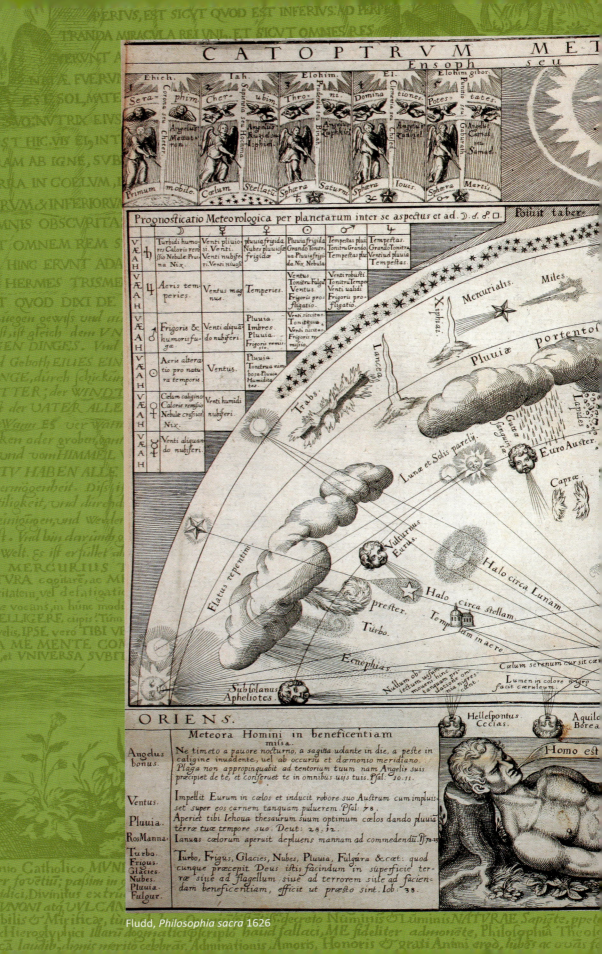

Fludd, *Philosophia sacra* 1626

corporis fabrica (Über die Struktur des menschlichen Körpers) ab und verknüpfte dies mit seinen eigenen, mehr traditionellen Ansichten; auch Albertus Magnus (c. 1200-1280) bezog sich auf die drei Ventrikel im menschlichen Gehirn, die als Wohnsitz der Seele galten.

Die sieben "Chakras"

Die im rechten Bogen dargestellte Erklärung ist eine grundsätzliche Stellungnahme zur Lehre über den Mikro- und Makrokosmos. Dort lesen wir: Die wesentliche Harmonie, durch welche die menschliche Seele jeden Anteil des Gebietes der drei Welten in ihr eigenes Wesen aufnimmt. Dies bedeutet, dass der Mensch in der Lage ist, auf jeder Ebene des Seins, von der irdischen bis zur seraphischen, zu handeln. Es tut dies mittels seines feinen Organismus, angedeutet unter A-F: A - ein reines Gemüt, der Durchbruch zu Gott; B - der aktive Intellekt, die erste Umhüllung oder das Fahrzeug des Gemütes; C - der rationale Geist, der Gemüt und Intellekt umfasst und offen ist für Vernunft oder Intellekt; D - die mittlere Seele, die den rationalen Geist, Gemüt und Intellekt enthält; E - das lebendige Licht des Gemütes oder die mittlere Seele im ätherischen Fluidum schwimmend; F - der Körper, das Aufnahmegefäß aller Dinge.

Einige spätere Kommentatoren haben in dieser Illustration eine Übereinstimmung mit den sieben Chakras des hinduistischen Systems gesehen, womit die Energiezentren des feinen Körpers gemeint sind. Sie interpretieren die Symbole mit dem Engelskopf in der Mitte als fünf "Lotos" und das göttliche Dreieck an der Spitze als den "tausendblättrigen Glanz von Gottes Licht". Es scheint, als habe der Kupferstecher sogar die traditionelle Anzahl von Blütenblättern an die oberen "Chakras" angepasst: zwei Flügel für das zweiblättrige Dritte-Auge-Chakra, neunzehn und dreizehn Blütenblätter für das Hals- und das Herz-Chakra (das sechzehn, beziehungsweise zwölf, haben sollte). Zu jener Zeit war im Westen jedoch keinerlei Wissen über dieses Hindu-System bekannt; es handelt sich also um einen bemerkenswerten Zufall.

Der Mensch unter dem Einfluss der Himmel

In diesem Kupferstich, dem "Meteorographischen Spiegel", heißt die Bilderklärung, die dem Munde des liegenden Menschen, wahrscheinlich Adam vor dem Fall, entströmt: Homo est perfectio & finis omnium creaturarum in mundo (Der Mensch ist die Vollkommenheit und das Ende aller Kreatur in der Welt). Jedes himmlische Phänomen, das den Menschen beeinflussen kann, wird in dem Bereich über dem liegenden Menschen gezeigt. Die Sonne, im Firmament oben rechts, stößt Dampf (die Wolke des Herrn) durch eine trichterartige Öffnung aus.

Fludd benutzt den Begriff "Meteor(ologisch)", um sich auf allerlei Arten von himmlischen Phänomenen zu beziehen: Planeten und Sterne, aber auch auf das Wetter. Diese makrokosmischen Phänomene macht er auch für den mikrokosmischen Menschen geltend: Sogar verschiedene Winde beeinflussen seine Gesundheit. Hier besteht eine Verbindung zum Werk des Hermes Trismegistos, mit dem Fludd mehr als vertraut war: Im Zyklus vom "Leben, weisen Denken und Auflösen" (*Corpus Hermeticum* III) wird der Mensch auch von den Planeten beeinflusst. Gemäß einem anderen hermetischen Fragment (*Korè kosmou*) sind die Planeten sogar an der Erschaffung des Menschen beteiligt, und jeder trägt zu dessen Eigenschaften bei.

Auf der linken Seite des liegenden Menschen sehen wir eine Liste von "Meteoren, die zum Wohle des Menschen geschickt worden sind": z.B. gute Engel, Wind, Regen, Tau,

SVMMVM BONVM,

Quod est

Verum { MAGIÆ / CABALÆ / ALCHYMIÆ / Fratrum Roseæ Crucis verorum } Veræ } Subjectum.

In dictarum Scientiarum laudem, & insignis calumniatoris Fratris Marini Mersenni dedecus publicatum,

PER IOACHIMVM FRIZIVM.

ANNO M.DC.XXIX.

Fludd, *Summum bonum* 1629

Manna, die aus dem Osten kommen. Auf der rechten Seite, aus dem Westen kommend, erkennt man die "Meteoren, die geschickt wurden zur Züchtigung oder Bestrafung des Menschen": z.B. böse Engel und feurige Wirbelwinde, alle begleitet von biblischen Zitaten.

Summum bonum - Das höchste Gute

Der Titel dieses Buches (gedruckt 1629 in Frankfurt) ist "Das höchste Gute" - welches, gemäß Untertitel, die Essenz wahrer Magie, Kabbala, Alchemie und rosenkreuzerischen Denkens ist. Fludd hebt das Rosenkreuzerphänomen auf eine theoretisch-philosophische Ebene und stellt es als einen Zweig der Wissenschaft dar, gleichwertig mit Magie, Kabbala und Alchemie. Das Werk wurde angeblich geschrieben von dem ansonst unbekannten Joachim Frizius, einem Rosenkreuzer/Alchemisten, der das Werk Fludd geschenkt haben sollte. Mittlerweile ist es allgemein akzeptiert, dass Frizius tatsächlich ein Pseudonym von Fludd war. Das Buch ist ein Versuch, die Anschuldigungen eines "weltbekannten Verleumders", des Theologen Marin Mersenne zu widerlegen, der Fludd offen der Magie beschuldigte, insbesondere auf der Basis dessen, was er in *Utriusque cosmi ... historia* gelesen hatte. Mersenne meinte auch, Fludd sollte für dieses Verbrechen vor Gericht gestellt werden. Es war eine ernste Belastung, die schlimme Folgen für Fludd gehabt haben könnte, besonders zu einer Zeit, in der Hexenjagden in Europa noch immer stattfanden. *Summum bonum* Teil IV argumentiert, dass die Rosenkreuzer-Bruderschaft damit beschäftigt ist, die richtige Form von Magie, Weisheit, Kabbala und Alchemie zu finden, und jede dieser Disziplinen wird einzeln erläutert.

Die Frage, warum sich die Bruderschaft entschloss, sich mit dem Symbol der *rosea crux* (Rosenkreuz) zu verbinden, wird auch beantwortet. Als erstes erklärt Frizius/Fludd die Bedeutung des Kreuzes: Es ist nicht das sichtbare, sondern das verborgene mystische Kreuz. "Jenes Kreuz, dem alle guten Christen sich widmen sollen, ist nicht nach Art des gewöhnlichen und vergänglichen Kreuzes von wechselnder Farbe und Form - je nach der verwendeten Materie - vom menschlichen Geiste ersonnen und hergestellt, sondern es ist blutfarbig und dem rotesten Rosenroth ähnlich, mit Lilien untersteckt" (Teil IV, Buch 4). Die rosenrote Farbe wird mit dem Blut Christi in Zusammenhang gebracht; die Rose selbst wird zum Symbol des Christus. Es ist bemerkenswert, dass diese Erklärung nicht aus dem Zirkel der Männer hervorging, die ursprünglich den Namen "Bruderschaft des Rosenkreuzes" wählten, sondern fünfzehn Jahre nach der Veröffentlichung des ersten Manifestes durch einen Verfechter des rosenkreuzerischen Gedankengutes formuliert wurde.

Der Stich der Rose mit einem kreuzförmigen Stiel, deutet auf die Verbindung mit dem Symbol des Rosenkreuzes in sehr wörtlichem Sinne hin, jedoch beinhaltet sie auch andere Bedeutungen. Als Motto steht darüber: "Dat rosa mel apibus" (Die Rose gibt den Bienen Honig.) Bienen fliegen zur Rose und auf der rechten Seite gibt es Bienenstöcke. Auf der linken Seite steht auch ein Rosenbusch, eingesponnen in Spinnweben. Das Bild nimmt Bezug auf eine ältere Abbildung der emblematischen Tradition, nach der die Spinne der Rose Gift entzieht, während die Biene Honig aus ihrem Nektar gewinnt. So wird auf den diametral entgegengesetzten Gebrauch (sowohl positiv als auch negativ) ein und desselben Gegenstandes hingewiesen. Die entsprechenden deutschen Zeilen, die das originelle Emblem begleiten, heißen: "An einer Blumm ein Bien und Spinn/haben beyde ihren Gewinn/Diese sucht Honig, jene Gifft/Eine Natur d'andt ubertrifft/Klug wird genendt derselbig Mann/Der böss zum guten brauchen kan." Aus diesem Grunde ist es sehr wahrscheinlich, dass das "Summum bonum" nicht nur den Honig betrifft, sondern auch die Fähigkeit, Gift zu neutralisieren.

Michael Maier

Geboren in Kiel, hat Michael Maier (1569-1622) nacheinander erfolgreich Medizin und Philosophie in Rostock, Frankfurt an der Oder, Padua und Basel studiert. Zunächst arbeitete er als gewöhnlicher Arzt, lenkte jedoch seine Aufmerksamkeit mehr und mehr auf alchemische Experimente und die Iatrochemie. Er suchte die Protektion Rudolfs II. in Prag, ausgestattet mit einer Universalmedizin, die er selbst entwickelt hatte. Diese hatte eine leuchtend gelbe Farbe, von der er behauptete, dass er sie von Gottes Gnade erhalten habe. Nach Rudolfs Abdankung musste Maier nach einem neuen Gönner Ausschau halten. In den Jahren 1611-1616 war er in England, wo er die Hoffnung hegte, in James I. einen neuen Gönner zu finden. Seine "Visitenkarte" war ein Weihnachtsgruß für den König. Er war aus großem, gefaltetem Pergament mit einem Rosenkreuz-Emblem in der Mitte gemacht, das aus goldenen und roten Worten bestand, die flankiert wurden von vier lateinischen Reimen. Der Gruß enthielt zusätzlich ein Musikstück, einen Kanon. Dieser Weihnachtsgruß von 1611 hat den Ruf, das früheste, bekannte Auftreten des Rosenkreuz-Symbols in England zu sein.

    Da die *Fama Fraternitatis* erst 1614 in Druck erschien, deutet das auch darauf hin, dass Maier auf die eine oder andere Weise mit dem rosenkreuzerischen Gedankengut in Kontakt gekommen sein muss, das bereits als Manuskript in kleiner Auflage im Umlauf war. Im Gegensatz zu dem, was man in der früheren Literatur lesen kann, haben Fludd

Über die Musik in Maiers *Atalanta fugiens*

Jedes der fünfzig Embleme in *Atalanta fugiens* hat nicht nur ein Epigram in Deutsch und Latein und eine etwas längere Erklärung in lateinischer Prosa, wie es für das Genre der Emblembücher üblich ist. Das Werk enthält auch Musik, Fugen für drei Stimmen. Die Fuge ist eng verbunden mit dem Titel (Atalanta fugiens: "die fliehende Atalanta"). Das Wort "fuga" hat im Lateinischen eine Doppelbedeutung: es bezieht sich auf eine Kompositionstechnik, bedeutet aber auch "Flug". Der Titel des Werkes verweist auf den klassischen Mythos von Atalanta, von dem in Ovids *Metamorphosen* die Rede ist. Atalanta war dem Mann zur Heirat versprochen, der in der Lage war, sie zu übertreffen. Einer der Kandidaten, Hippomenes, war am Ende erfolgreich, weil er einen Trick benutzte: Während des Rennens ließ er drei goldene Äpfel, die ihm Venus gegeben hatte, fallen. Atalanta hob die Äpfel auf und wurde deshalb von Hippomenes übertroffen. Obwohl die Szene mit den goldenen Äpfeln auf der Titelseite gezeigt wird, spielt der Mythos im Buch selbst keinerlei Rolle. In der Musik jedoch werden die Protagonisten des Mythos durch die drei Stimmen der Fuge wiedergegeben. Die erste Stimme ist die der "immer fliehenden Atalanta", die "vox fugiens". Die zweite Stimme ist die des Hippomenes, die "vox sequens", der ersten Stimme folgend. Die dritte Stimme ist die des goldenen Apfels, der als "vox morans" (verzögernde Stimme) den cantus firmus, das Melodiemotiv spielt. Auf der Ebene der alchemischen Allegorie steht Atalanta für das "volatile" Mercurius philosophicus oder Quecksilber, das durch Schwefel, verkörpert durch Hippomenes, im Rennen – auf der Flucht – mithilfe des Apfels gebunden wird. Obwohl als "beinahe unaufführbar" bekannt, gibt es verschiedene moderne Versionen des Werkes, so zum Beispiel vom Ensemble "Plus ultra", dirigiert von Michael Noone (Glossa Music 2007).

und Maier sich in London nicht kennengelernt: Es gibt nicht den kleinsten Hinweis darauf, dass die beiden Männer sich jemals getroffen hätten. Sie engagierten jedoch den gleichen Verleger und Illustrator für ihre Hauptwerke: Johann Theodor de Bry beziehungsweise seinen Schwiegersohn Matthäus Merian. Der andere sie einende Aspekt war, dass sie beide Ärzte und standhafte Verfechter rosenkreuzerischen Gedankengutes waren, obwohl beide sich dem Rosenkreuzer-Phänomen aus verschiedenen Blickwinkeln näherten. Mehr noch als Fludd ging es Maier darum, das rosenkreuzerische Gedankengut in der Praxis anzuwenden, mit der Betonung auf dem medizinischen Aspekt der Bruderschaft, was sein Werk *Themis aurea, hoc est de legibus fraternitatis R.C.* (1618) bezeugt. In diesem Werk werden die sechs Gesetze der Bruderschaft erläutert, wie sie in der *Fama* aufgelistet werden, allerdings nicht sehr gleichgewichtet. Maiers Diskussion des ersten Gesetzes, das sich auf die kostenlose Behandlung Kranker bezieht, nimmt bereits mehr als die Hälfte des Buches ein!

Viele von Maiers Werken sind der Organisation der menschlichen Erfahrung gewidmet, so wie sie innerhalb seiner privaten Welt einen Sinn ergab und sich umgekehrt zur traditionellen Kosmologie, Arithmethik und den hermetischen Konzepte verhielt. Ein Beispiel dafür ist die *Symbola aureae mensae* (1617), in welcher er die vier Kontinente bespricht. Wie mit einem Blick von außen auf die Erde gesehen, bilden sie die Form eines Kreuzes: Das Kreuz der vier Himmelsrichtungen und der vier Elemente. Europa bezieht sich auf Erde, Amerika auf Wasser, Asien auf Luft und Afrika auf Feuer. Bei der Erläuterung der Frage, welche Gestalt die Menschen auf der Mondoberfläche sehen, sagt er in der *Septimana philosophica* (1620), dass das, was wir sehen, abhängig sei von unserer Position auf der Erde. Einige sehen einen Hasen, einige einen Mann, andere eine Frau: Europäer sehen eine Frau im Mond. Dies wird gemäß Maier von der Tatsache verursacht, dass der Mond uns eine Reflektion zeige, die durch die Sonne, die auf die Erdoberfläche auftrifft und ihr Bild zum Mond zurücksendet, verursacht werde. Dementsprechend sehen die Menschen in Indien andere lunare Zeichen: Sie sehen die Reflektion ihres Teiles der Welt. Jedoch behauptet Maier weiter, dass Europa eine Frau sei und Deutschland ihr Bauch. Indem er sich auf die Rosenkreuzer-Manifeste bezieht, besteht er darauf, dass Deutschland mit einem Kind schwanger sei und in naher Zukunft großartige Dinge hervorbringen werde. Aufgrund dieses numinosen Bildes wurde Astronomie in heilige Geographie umgewandelt! In diesem Zusammenhang ist es gut, nochmals zu betonen, dass die allegorische Sprache der Alchemie nicht nur eine geheime Methode war; sie drückte auch Möglichkeiten aus, in denen die Alchemisten - und viele frühe Vertreter der Moderne, einschließlich Robert Fludd - häufig die Welt und den Platz des Menschen in ihr betrachteten. Die Welt wurde als Netz von Korrespondenzen und Beziehungen, als verschüttete Metapher betrachtet, in der Metaphern *wirkliche* Verbindungen waren, nicht nur rhetorische Ausschmückungen.

Vom allerersten Beginn an waren Alchemie und Naturphilosophie Synonyme. Hermes habe über das "Werk der Natur" geschrieben, sagt Maier. Die Sinnbilder in *Atalanta fugiens* handeln von den Geheimnissen der Natur: Entsprechend trägt jedes Sinnbild den laufenden Titel "De secretis naturae" (die Geheimnisse der Natur). Die Bruderschaft der Rosenkreuzer versucht auch, sich Gott anzunähern, indem sie die Geheimnisse der Natur zu durchdringen versucht. Maier schreibt in *Silentium post clamores* (1617), dass die Geheimnisse der Natur von gleicher Art seien wie die Geheimnisse, welche die Bruderschaft erkläre (siehe die Überschrift des 2. Kapitels). Daraus folgt wiederum, dass Maier Lehre und Weisheit der Rosenkreuzer auf eine Ebene mit dem Inhalt der ältesten alchemisch-esoterischen Quelle stellt, die Hermes zugeschrieben wird, nämlich die *Tabula*

Smaragdina, mit welcher Maier seine Serie von Emblemen in *Atalanta fugiens* beginnt.

Was Maier in seinem alchemischen Emblembuch *Atalanta fugiens* tut, ist eine Art praktizierte Mytho-Alchemie: Er interpretiert alle Arten von klassischen mythologischen Figuren und Erzählungen in alchemischer Weise. Er bietet keine Rezepte an noch beschreibt er Experimente, aber er weist in Bildern und in kurzen Begleittexten darauf hin, worum es in der Alchemie geht.

Atalanta fugiens, Embleme I and II

Die ersten zwei Embleme von *Atalanta fugiens* sind ein direkter Hinweis auf einen grundlegenden Text alchemischer Literatur, die *Tabula Smaragdina (*Die Tafel aus Smaragd - gemäß dem Material, auf dem die Texte angeblich geschrieben waren), die Hermes Trismegistos zugeschrieben wird. Sie zeigen jeweils eine männliche Figur, die ein Kind im Bauch hat, und eine weibliche Figur, Mutter Erde, die ein Kind säugt. Die Zeilen über den beiden Figuren sind wörtlich aus der *Tabula Smaragdina* abgeleitet: "Der Wind trägt es in seinem Bauch" und "Seine Amme ist die Erde". Aber das Kind ist kein menschliches, es ist das Philosophische Kind oder der Stein der Weisen, der von den Alchemisten am meisten begehrte Gegenstand. Der legendäre, merkwürdige Text der *Tabula Smaragdina*, der sich nicht mehr als auf eine halbe Seite beläuft, kommt ursprünglich aus dem Arabischen. Im Mittelalter zirkulierte Tabula im Westen als lateinische Übersetzung. Die erste gedruckte Version ist datiert auf Mitte des sechzehnten Jahrhunderts (in *De Alchemia*, Nürnberg 1541). Maier war dieser Text sehr vertraut, dies bezeugt seine folgende Erklärung: Wie alle Metalle und Mineralien wächst der Stein der Weisen in der Erde. Sein Vater ist die Sonne und seine Mutter der Mond. Er (der Stein) wird getragen vom Wind, wie ein Vogel in der Luft. Rauch und Wind (eigentlich die bewegte Luft) erschaffen das Wasser. Durch die Vermischung mit der Erde können Metalle und Mineralien, einschließlich des Steins, wachsen.

Das zweite Emblem zeigt klar und deutlich, wie Maier klassische Mythologie in seine Erklärungen einbaut: Analog zur Idee, dass die Erde eine Amme sei, sehen wir Romulus und Remus bei der Wölfin trinken, während das Kind Jupiter wird von einer Ziege gesäugt wird.

Atalanta fugiens, Emblem XXXIV

Dieses Emblem zeigt, wie der Stein der Weisen "empfangen" und "geboren" wird. Alles beginnt mit einer Umarmung von Sonne und Mond - hier durch Schwefel und Quecksilber oder männliches und weibliches Element symbolisiert, die im Wasser stehen. Der Stein oder Sohn des Weisen wird in einem Bad geformt und in der Luft geboren. Das Bad bezieht sich auf ein alchemisches Gefäß, aber auch auf die damals herrschende Vorstellung, dass eine unfruchtbare Frau davon profitiere, heiße Bäder zu nehmen. Die Geburt "in der Luft", in der Mitte des Bildes dargestellt, bezieht sich auch auf die Art und Weise, wie sich der alchemische Prozess entwickelt: Er findet auf dem Gipfel eines Berges statt (und wird deshalb weiß genannt), was bedeutet, in der Luft oder oben im Gefäß. Die kürbisartigen Empfänger (cucurbita) werden "Berge" genannt. Die "Gipfel der Berge" deuten auf eine andere Art von Gefäß hin: dem Destillierkolben. "Es vom Gipfel der Berge zu schicken" bedeutet, die Flüssigkeit über dem Helm mit einem Destillierkolben aufzufangen, oder zu destillieren. Chemisch ausgedrückt heißt das: Im Anfangsstadium dieser Entwicklung wird der Stein durch die lauwarme Feuchtigkeit eines Bades aufgelöst. Als nächstes steigt die feine Materie durch das Aufheizen der Substanz als Dampf in die Retorte. Die Figur auf der linken Seite nimmt Bezug auf die Maxime: "Danach wird sie - die Materie, aus

EMBLEMA I. *De secretis Naturæ.*

Portavit eum ventus in ventre suo.

EPIGRAMMA I.

Embryo ventosâ BOREÆ qui clauditur alvo,
  Vivus in hanc lucem si semel ortus erit;
Unus is Heroum cunctos superare labores
  Arte, manu, forti corpore, mente, potest.
Ne tibi sit Cæso, nec abortus inutilis ille,
  Non Agrippa, bono sydere sed genitus.

B 3 HER-

Maier, *Atalanta fugiens* 1618

EMBLEMA II. *De secretis Naturæ.*
Nutrix ejus terra est.

EPIGRAMMA II.
Romulus hirta lupæ pressisse, sed ubera capræ
  Jupiter, & factis, fertur, adesse fides:
Quid mirum, teneræ SAPIENTUM viscera PROLIS
  Si ferimus TERRAM lacte nutrisse suo?
Parvula si tantas Heroas bestia pavit,
  QUANTUS, cui NUTRIX TERREUS ORBIS, erit?

Maier, *Atalanta fugiens* 1618

EMBLEMA XXXIV. *De secretis Naturæ.* 145

In balneis concipitur, & in aëre nascitur, rubeus verò
factus graditur super aquas.

EPIGRAMMA XXXIV.

Balnea conceptu pueri, natalibus aër
   Splendet, & hinc rubeus sub pede cernit aquas.
Fitque super montana cacumina candidus ille,
   Qui remanet doctis unica cura viris.
Est lapis, & non est, cœli quod nobile Donum,
   Dante DEO fœlix, si quis habebit, erit.   T   Ho-

Maier, *Atalanta fugiens* 1618

der der Stein gemacht ist, - rot und schreitet über das Wasser", dies bedeutet, dass er über die Metalle schreitet, die im Feuer verflüssigt worden sind. Dies weckt Assoziationen zu Christus, der über die Wasser ging. Diese Analogie zwischen Christus und dem Stein der Weisen wiederholt sich häufig in *Atalanta fugiens.* Es ist eine Analogie, die schon im vorherigen Jahrhundert in Werken wie dem *Buch der H. Dreifaltigkeit* und *Rosarium Philosophorum* erwähnt wurde.

Atalanta fugiens, Emblem XXI

In diesem Emblem benutzt Maier geometrische Figuren als Symbol für die Verbindung von Prozessen im Mikrokosmos und im Makrokosmos. Die Verbindung zwischen Mathematik und Naturwissenschaften geht zurück auf Pythagoras und Plato und blieb bis weit in das 17. Jahrhundert aktuell. Wie Kepler sagt: Wenn der Mensch sich mit der Mathematik beschäftigt, folgt er, Schritt für Schritt, den Gedanken Gottes, die Stoff gewordene Natur sind.

Ein Philosoph mit einer phrygischen Kappe (Hermes Trismegistos ?) steht vor einer Mauer, auf welche ein Mann und eine Frau projiziert sind. Der Philosoph zeichnet eifrig mit einem Zirkel geometrische Figuren um die beiden herum. Die Szene stellt buchstäblich das Motto dar: "Mache einen Kreis aus Mann und Frau, daraus ein Quadrat, daraus ein Dreieck, mache einen Kreis und du wirst den Stein der Weisen erhalten." Nachdem er die Wichtigkeit der Geometrie herausgearbeitet hat, auf die Plato schon hingewiesen hatte (Das Motto über dem Eingang seiner Schule war, dass es niemandem ohne Kenntnis der Geometrie erlaubt war, einzutreten), sagt Maier, dass Naturphilosophen den Kreis in ein Quadrat und das Quadrat in ein Dreieck und das Dreieck in einen Kreis umwandeln können. Mit Kreis meinen sie einen einfachen Körper, mit Quadrat die vier Elemente. Mann und Frau repräsentieren den Gegensatz; sie sind Schwefel und Quecksilber, aus dem der Stein entsteht; sie sind Licht und Dunkelheit des Kosmos, sie sind Geist und Materie. Der Alchemist sollte die Gegensätze auf die "materia prima", die erste Materie reduzieren, auf Chaos (der erste, Mann und Frau umgebende Kreis). Hieraus entspringen vier Elemente, dargestellt durch das Quadrat; und von den vier Elementen entspringen wiederum Geist, Seele und Materie symbolisiert durch das Dreieck. Es ist dieses Dreieck, das den Stein der Weisen hervorbringt, d. h. die Einheit des Universums (der äußere Kreis). Dieses Thema kehrt ausführlicher wieder in Maiers *De circulo physico quadrata*, veröffentlicht 1616. Im Mittelalter wurde die Quadratur des Kreises mit der gleichen Beharrlichkeit erstrebt wie die alchemische Rubedo (die Phase, wenn sich alles rot färbt, was nötig ist für die Geburt des Steins); in der alchemischen Literatur schmolzen beide Themen zusammen. Schwärze und Röte zeigten in der Alchemie eine Ähnlichkeit zu dem Kontrast Quecksilber - Schwefel oder männlich - weiblich. Blei und Gold stehen am Beginn und am Ende eines zirkulären Prozesses. Maier leitete die geometrischen Motive von Kreis, Quadrat und Dreieck aus zwei Quellen ab: Eine ist das anonyme *Rosarium philosophorum*, das auch die Grundgedanken zu diesem Emblem lieferte, das andere ist der *Tractatus vere aureus*, Hermes Trismegistos zugeschrieben, der die Basis für Maiers Erklärung ist. Am Ende dieses Kommentars betont Maier, dass die Bedeutung und das endgültige Ziel des alchemischen Prozesses in der Rückkehr zur Monade, zu Gott, besteht, in dem Ruhe und ewiger Friede ist.

EMBLEMA XXI. *De secretis Naturæ.* 93

Fac ex mare & fœmina circulum, inde quadrangulum, hinc triangulum, fac circulum & habebis lap. Philosophorum.

EPIGRAMMA XXI.

Fœmina másque unus fiant tibi circulus, ex quo
    Surgat, habens æquum forma quadrata latus.
Hinc Trigonum ducas, omni qui parte rotundam
    In sphæram redeat: Tum LAPIS ortus erit.
Si res tanta tuæ non mox venit obvia menti,
    Dogma Geometræ si capis, omne scies.

M 3   PLA-

Maier, *Atalanta fugiens* 1618

EMBLEMA XXXIX. *De secretis Naturæ.* 165
Oedypus Sphynge superata & trucidato Lajo patre matrem ducit in uxorem.

EPIGRAMMA XXXIX.

Sphyngem ænigmatico Thebis sermone timendam
   Oedypus ad propriam torserat arte necem:
Quæsitum est, cui manè pedes sint bis duo, luce
   Sed mediâ bini, tres, ubi vesper adest.
Victor abhinc Lajum nolentem cedere cædit,
   Ducit & uxorem quæ sibi mater erat.   X 3   BA-

Atalanta fugiens, Emblem XXXIX

Ödipus ist hauptsächlich dafür bekannt, dass er seinen Vater, König Laius, ermordete, danach seine Mutter heiratete - vor dem Hintergrund seines Zusammentreffens mit der Sphinx. Hier wird die Geschichte von Ödipus als kreisförmige Komposition dargestellt, die in der Mitte des Hintergrundes mit dem Bild der Sphinx beginnt, die eher aussieht wie eine Meerjungfrau; auf jeden Fall hat sie keinen Löwenkörper oder Flügel wie im ursprünglichen Mythos. Die Geschichte bewegt sich gegen den Uhrzeigersinn: Links in der Mitte findet das Treffen von Ödipus und der Sphinx statt, die ihm das wohlbekannte Rätsel stellt: "Was hat vier Füße am Morgen, zwei am Nachmittag und drei am Abend?" Ödipus' Antwort sei nicht bekannt, sagt Maier, aber wer hier denkt, dass das Rätsel sich auf die drei Stadien im Leben eines Menschen bezieht, liegt falsch! Letztere Interpretation ist Gegenstand der Szene im Vordergrund: Ein Baby krabbelt auf allen Vieren (die vier Füße des ersten Stadiums), ein erwachsener Mann (zwei Füße) und ein ergrauter alter Mann, der sich auf seinem Stock lehnt (letztes Stadium: drei Füße). Rechts in der Mitte befindet sich die Szene des Vatermordes und darüber die Heirat Ödipus mit seiner Mutter. Die runde Form des Werkes stimmt mit der runden Form des alchemischen Prozesses überein. Beginn und Ende treffen aufeinander, das heißt, gegenüber der Sphinx, dem Startpunkt im Sinne von materia prima, bildet die Heirat von Mutter und Sohn das Ende, die Vereinigung der Gegensätze. Das Treffen von Ödipus und der Sphinx stellt die Konfrontation des aktiven Prinzips in der gestaltlosen materia prima dar. Die materia prima teilt sich auf in die vier Elemente: dargestellt durch das Kind, das sich auf allen Vieren fortbewegt und das Quadrat der vier Elemente auf seiner Stirn trägt. Der Mensch in der Mitte mit dem Zeichen der Halbkugel auf seiner Stirn ist der Mond, nachdem letzterer weiß geworden ist. Der alte Mann, der ein Dreieck auf seiner Stirn hat, ist das Symbol von Gemüt, Seele und Körper. Der Mord des Laius durch Ödipus stellt die Vernichtung der Ursache durch die Wirkung dar. Danach wird der Sohn seinem Vater als Arbeitsprinzip gleich und nimmt seinen Platz ein.

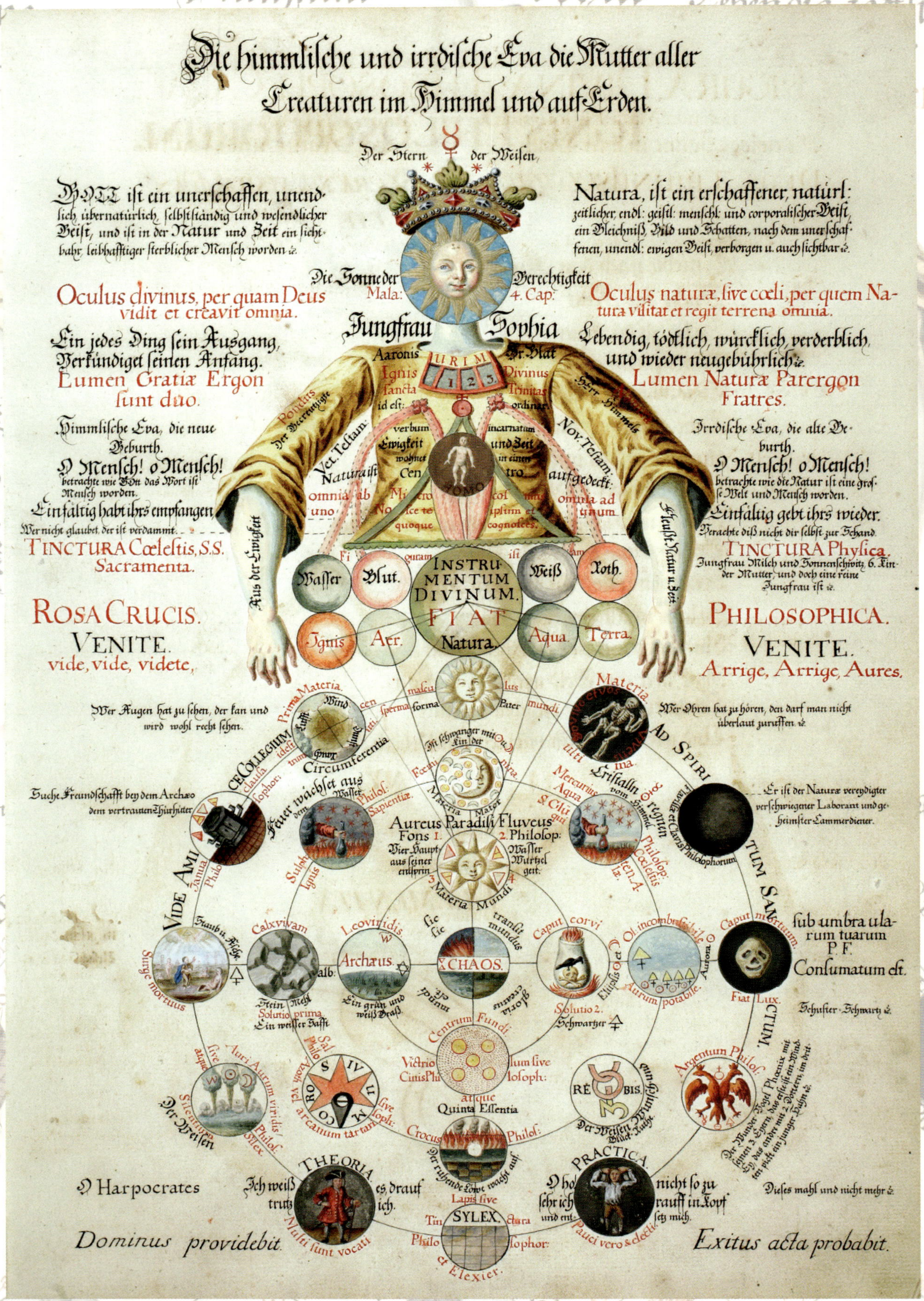

Geheime Figuren der Rosenkreuzer. Manuskript, vor 1785

Geheime Figuren: Sophia

Das Buch *Geheime Figuren*, welches "das letzte hermetische Manifest des Jahrhunderts der Erleuchtung" genannt wurde, enthält theosophische, kabbalistische, magische, hermetische, astronomische und chymische Figuren und Zeichen, mit Material, das einer Vielfalt von esoterischen Quellen entnommen wurde, einschließlich den Werken von Sebastian Franck, Heinrich Khunrath, Basilius Valentinus, Oswald Croll, Robert Fludd, Jacob Böhme, Abraham von Franckenberg und Daniel Mögling. Die BPH besitzt ein Manuskript dieses Werkes mit dem Titel *Physica, metaphysica et hyperphysica - Natürliche, metaphysische und übernatürliche [Dinge]*, das auf ca. 1750 datiert ist und aus 16 großen Folienblättern besteht, die 21 Figuren enthalten, alle mit symbolischen und kosmologischen Illustrationen, die von Text umgeben sind.

Eines der Bilder in diesem Kompendium ist das der Jungfrau Sophia. Im oberen Teil der Seite lesen wir als einführenden Titel die Worte "Die himmlische und irrdische Eva, die Mutter aller Creaturen im Himmel und auf Erden". Die Vorstellung der "Himmlischen Eva", die "die neue Geburth" meint, und der "Irrdischen Eva", welche die "alte Geburth" darstellt, sind wahrscheinlich den Schriften des nonkonformistischen Lutherischen Pastors Valentin Weigel entnommen und wurden später weiter ausgeführt in dem Buch *Das Geheimniss der Göttlichen Sophia oder Weißheit* (1700) von den dem radikalen pietistischen Theologen Gottfried Arnold (1666-1714).

Dieses himmlische und irdische Geschöpf wird hier auch beschrieben als die "Jungfrau Sophia", ein Begriff aus dem Werk des Teutonicus Philosophus, Jacob Böhme. Wenn wir in die Werke von Boehme schauen, wie *Viertzig Fragen von der Seelen* (1620), *Von der Gnaden-Wahl* (1623) und *Der Weg zu Christo* (1624), stellen wir fest, dass die Jungfrau Sophia für viele Dinge steht: für Gottes Weisheit, die vor der Schöpfung bestand, für den Vermittler zwischen Menschlichem und Göttlichem, den mütterlichen Teil der Gottheit, den "Körper" der Heiligen Dreieinigkeit, den Geist Christi in der Neuen Geburt, die Mutter des Neuen Menschen, die Tinktur von Feuer und Licht oder für das Medium oder Gefäß der göttlichen Imagination. Für Boehme war das Ziel des christlichen Lebens die spirituelle Hochzeit mit der Jungfrau Sophia. Die Jungfrau Sophia stellte auch die Natur dar, eine Natur, die vor der Schöpfung bestand. Die natürliche und übernatürliche Bedeutung hinter diesem Bild der Jungfrau Sophia wird durch zwei Textpassagen neben ihrem Kopf betont, die das Verhältnis zwischen Gott und Natur beschreiben:

> Gott ist ein unerschaffen, unendlich übernatürlich, selbständig und wesendlicher Geist, und ist in der Natur und Zeit ein sichtbahr, leibhafftiger sterblicher Mensch worden, etc.

> Natura, ist ein erschaffener, natürlicher, zeitlicher, endlicher, geistlicher, menschlicher, und corporalischer Geist, ein Gleichniß, Bild und Schatten, nach dem unerschaffenen, unendlichen, ewigen Geist, verborgen und auch sichtbar etc.

Das ganze Bild und der umgebenden Text entwickeln diese Beziehung weiter mit Bezug auf das "Göttliche Auge" (Oculus divinus), durch das Gott alle Dinge sah und erschuf ("Oculus divinus, per quam Deus vidit et creavit omnia"), und mit Bezug auf das "Auge der Natur" (Oculus naturae), oder Himmel, durch das die Natur alle irdischen Dinge in Augenschein nimmt und regiert ("Oculus naturae, sive coeli, per quem Natura visitat et regit terrena omnia"). In den Bezeichnungen "Licht der Gnade" (Lumen Gratiae) und "Licht der Natur"

(Lumen Naturae) finden wir den Einfluss des revolutionären alchemischen Philosophen Paracelsus, dessen Name mehrmals in der *Fama Fraternitatis* erwähnt wird und dessen Botschaft, dass Wissen und Offenbarung aus beiden Quellen (von Gottes beiden Büchern, Schrift und Natur) kommen. Ebenfalls finden wir in der *Fama Fraternitatis* die wichtigen Begriffe *Ergon* (das primäre Werk) and *Parergon* (das sekundäre Werk) - diese finden sich später zum Beispiel in Daniel Möglings *Speculum Sophicum Rhodo-Stauroticum*. Beide Werke beinhalten die biblische Suche nach Zuflucht, die hier gefunden wird, *Sub umbra alarum tuarum Jehova* (Psalm 17:8 & 57:1): "Unter dem Schatten Deiner Flügel, Jehovah".

Die Figur der Sophia selbst enthält viele Botschaften: Ihre Arme sind das Alte und Neue Testament, auf ihrer Brust trägt sie die Urim, von der Brustplatte des Hohen Priesters Aaron. In der Mitte ihres Körpers, in ihrem Bauch, steht der neu geborene Mensch (Homo), der Mikrokosmos, mit dem delphischen Rat "Erkenne dich selbst" (Nosce teipsum). Unmittelbar unter der Sophia, zwischen ihren Händen, gibt es zwei Reihen von vier kleinen Sphären, die die beiden Flüssigkeiten darstellen: Wasser und Blut, mit ihren Farben Weiß und Rot, und die vier Elemente (Feuer, Luft, Wasser, Erde). In ihrem Mittelpunkt befindet sich eine noch viel größere Sphäre, ausgedrückt mit den Worten "Göttliches Instrument", d.h. Natur, und das göttliche Wort "Fiat" (Es werde) vom Schöpfungsbeginn im Buch Genesis. Aus dem Mittelpunkt dieser großen Sphäre emanieren sechs Strahlen, die aufgehen im komplexen alchemischen Diagramm, das die untere Schöpfung darstellt.

Im genauen Mittelpunkt dieses Diagramms der Welt steht Chaos, das für die Alchemisten gleichbedeutend ist mit Genesis 1:2: "Und die Erde war wüst und leer" (Luther Bibel 1545). Dieser Sphäre am nächsten stehen die Worte: *Sic mundus creatus est* (So wurde die Erde erschaffen) aus der *Tabula Smaragdina* des Hermes Trismegistos, begleitet vom wohlbekannten lateinischen Ausspruch: *Sic transit gloria mundi* (So stirbt die Glorie dieser Welt). Die Sphäre des Chaos befindet sich im Mittelpunkt von drei Ringen, beziehungsweise vier, acht und zwölf Sphären, von denen sich alle auf verschiedene Aspekte der Alchemie beziehen. Zum Beispiel zeigt der erste Ring die dreieckigen Symbole der vier Elemente oben und der fünf Kreise unten, die die alchemische Quintessenz darstellen, und zwar auf der linken Seite mit dem paracelsistischen Archäus - dem inneren Alchimisten von Mensch und Materie - und auf der rechten Seite den Rabenkopf (Caput Corvi), der die erste Stufe des alchemischen Prozesses kennzeichnet, die calcination oder *nigredo* (Schwärze). Der zweite Ring von acht Sphären gipfelt auf dem Mond, dem weiblichen Prinzip, der Mutter und Materie, die schwanger ist mit ihrem Sonnen- und ihrem Mondkind. Dieser Ring besteht aus Substanzen, die bei der Suche nach dem Stein der Weisen oft als bedeutsam angesehen wurden. Die beiden wichtigsten Zutaten im Mittelalter waren der Schwefel der

Philosophen, der das Feuer der Weisheit darstellt, sowie das Quecksilber der Philosophen, das das himmlische Wasser darstellt. Die perfekte Vereinigung dieser beiden sich einander gegenüber stehenden Prinzipien gipfelt in der Entstehung des Rebis (Zwei-Ding), dem alchemischen Hermaphroditen, Symbol für den Stein der Weisen. Im Licht der Verachtung der *Fama* für die gierigen, Gold suchenden Alchemisten ist es nicht verwunderlich zu sehen, dass das gesuchte Produkt der Alchemie hier das "Aurum potabile" ist, trinkbares Gold, von dem man annahm, dass es medizinische Heilung für viele unheilbare Krankheiten bringen würde. Der äußere Ring hat die Sonne, das männliche Prinzip, den Vater, welcher der weiblichen Materie die Form gibt.

Auf der einen Seite sehen wir die Urmaterie, aus der alle Dinge erschaffen sind, auf der anderen Seite die Höchste Materie, hier in makaberer Weise als Skelett und Tod dargestellt, obwohl jeder Alchemist auch wusste, dass die "Materia Ultima" ein anderer Name war für das Endprodukt der Alchemie, den Stein. In diesem Ring befinden sich auch Symbole für die Ausrüstung, die in einem alchemischen Labor benutzt wird, wie ein Ofen, und Vergleiche der alchemischen Prozesse mit den Ereignissen der Bibel (dem "Fiat Lux" der Schöpfung in der Genesis und der Auferstehung der Toten in den Evangelien). Im untersten Teil dieses Ringes finden wir eine Sphäre, die "Sylex" (Flint, Feuerstein) genannt wird, mit dem letzten irdischen Ziel der Alchemisten: dem "Lapis sive Tinctura Philosophorum et Elexier" (dem Stein oder der Tinktur der Weisen und dem Elixir). Damit niemand annehmen kann, dass dies eine einfache Aufgabe ist, gibt es auf beiden Seiten des Steines zwei auf das Theorie-Praxis-Verhältnis anspielende Abbildungen von Menschen, der erste optimistisch und wohl gekleidet, letzterer in einfacher Kleidung, offensichtlich seine Haare raufend. "Viele sind gerufen", lesen wir (Matth. 20:16), "aber wenige auserwählt!"

Nachwort

Obwohl die Botschaft der Rosenkreuzer-Manifeste auch heute noch sehr zur Vorstellungskraft der Menschen spricht, ist die damit zusammenhängende Bildsprache für uns weniger zugänglich als sie im 17. Ahrhundert wahrscheinlich war. Die Geschichte der Rosenkreuzer-Bruderschaft und der Manifeste in Wort und Bild zu erforschen ist daher eines der Ziele der Bibliotheca Philosophica Hermetica (BPH) und des ihr angeschlossenen Ritman Forschungsinstitutes. Das Rosenkreuzertum, das starke Verbindungen zu zwei anderen Hauptgebieten der Bibliothek hat, dem Hermetismus und der Alchemie, ist einer der Schwerpunkte der Sammlungen. Darüber hinaus hat die BPH im Jahr 1986 eine erste wissenschaftliche Konferenz organisiert, die sich auf die Bedeutung des rosenkreuzerischen Erbes konzentrierte. Die Veranstaltungen der Konferenz wurden im selben Jahr veröffentlicht unter dem Titel *Das Erbe des Christian Rosenkreuz. Johann Valentin Andreae 1586-1986 und die Manifeste der Rosenkreuzer-Bruderschaft 1614-1616*. In den folgenden Jahren hat der Verlag der BPH, In de Pelikaan, eine Reihe von Werken über das Rosenkreuzer-Phänomen herausgebracht, darunter: *Adam Haslmayr, der erste Verkünder der Manifeste der Rosenkreuzer* (1994) und *Rosenkreuz als europäisches Phänomen* (2001), geschrieben und editiert von Carlos Gilly.

Die BPH kann auch auf eine Reihe von ihr erstellter Ausstellungen über das Rosenkreuzer-Thema zurückblicken, besonders auf die Ausstellung in der Herzog-August-Bibliothek in Wolfenbüttel (*Cimelia Rhodostaurotica*, 1995) und die in der Königlichen Bibliothek in Den Haag (*Der Ruf des Rosenkreuzes. Vier Jahrhunderte Lebende Tradition*, 1998, in Zusammenarbeit mit dem Lectorium Rosicrucianum und der Königlichen Bibliothek). Diese Ausstellung wanderte nach Schweden (Anthroposophisches Zentrum, Järna) und Russland (Rudomino Bibliothek, Moskau). Der Begleitkatalog, erstellt von Frans Smit, enthält eine chronologische Übersicht über 400 Jahre Rosenkreuzer-Tradition und ist derzeit in Deutsch, Russisch, Schwedisch und Spanisch erhältlich.

In der Vergangenheit hat Carlos Gilly, emeritierter Bibliothekar der BPH, für das Ritman Forschungsinstitut Untersuchungen durchgeführt über die Bereiche der hermetischen, mystischen, magischen, alchemistischen und theosophischen Literatur, die seinerzeit sowohl die Autoren der Rosenkreuzer-Manifeste als auch ihre begeisterten Anhänger inspiriert hatten. Gilly untersuchte auch die Bestandsverzeichnisse der Bibliotheken der Mitglieder des Kreises, der hinter den Rosenkreuzer-Manifesten stand, wie Johann Valentin Andreae, Tobias Hess, Christoph Besold, Bonaventura Reihing und Daniel Mögling.

Im jetzigen Jubiläumsjahr, 400 Jahre nach der Veröffentlichung der *Fama Fraternitatis*, kehrt die BPH zurück zu den Quellen des Rosenkreuzer-Phänomens, das sowohl charakteristisch für die von Erwartungen erfüllte Atmosphäre im frühen 17. Jahrhundert ist ("Europa ist schwanger und wird ein starkes Kind gebären"), als auch ein Zeichen der fortdauernden Wertschätzung der hermetischen Tradition darstellt. Der Funke, der in Südeuropa im Italien der Renaissance entzündet worden war, wo das *Corpus Hermeticum* zuerst (in lateinischer Sprache) veröffentlicht wurde, wurde im Lauf des 16. Jahrhunderts in die Länder nördlich der Alpen getragen und fand in den Rosenkreuzer-Manifesten seinen besonderen bildhaften Ausdruck.

Die Jubiläumsausstellung *Göttliche Weisheit – Göttliche Natur, Die Botschaft der Rosenkreuzer-Manifeste in der Bildsprache des 17. Jahrhunderts,* ist dritter und letzter Teil eines Ausstellungszyklus', zu dem die von der BPH im Jahr 1999 in Florenz *(Marsilio Ficino and the Return of Hermes Trismegistus)* und im Jahr 2002 in Venedig *(Magic, Alchemy and Science 15th-18th centuries)* durchgeführten Ausstellungen gehören. Die Ausstellung in Florenz feierte die Wiederentdeckung der hermetischen Quellen im Westen und endete mit Paracelsus, dem "Trismegistus Germanus", wie er auch genannt wurde; die Ausstellung in Venedig beleuchtete den Einfluss hermetischen Gedankengutes in Westeuropa und reichte bis zur Veröffentlichung der *Geheimen Figuren der Rosenkreuzer*.

Die Ausgabe und gleichnamige Ausstellung 'Göttliche Weisheit – Göttliche Natur' werden vom 1-7 September 2014 zum ersten Mal präsentiert in der Aula der Stadt Calw, Deutschland, im Rahmen eines internationalen Projekts in Zusammenarbeit mit den internationalen 'Rosycross Foundations'. Wir freuen uns auf die Fortsetzung des Projekts in den Jahren 2014-16 in verschiedene Orte in Europa, und wir hoffen imstande zu sein die Früchte dieser Zusammenarbeit in verschiedenen Sprachen zu publizieren.

Quellenangaben

Jan Amos Comenius. *Der Weg des Lichtes = Via Lucis.* Eingeleitet, übersetzt und mit Anmerkungen versehen von Uwe Voigt. Hamburg 1997

Das Corpus Hermeticum Deutsch. Übersetzung, Darstellung und Kommentierung in drei Teilen. Ed. Jens Holzhausen. Stuttgart-Bad Cannstatt 1997 (Clavis pansophiae Band 7,1 und 7.2; bisher erschienen nur Tl. 1 u. 2)

Fama Fraternitatis. Manifest des hochlöblichen Ordens des Rosenkreuzes. An die Häupter, Stände und Gelehrten Europas. In heutiges Deutsch übertragen und mit Anmerkungen versehen von Donate Pahnke McIntosh. Mit einer Einleitung von Christopher McIntosh. Charleston (SC) 2014

Carlos Gilly, *Johann Valentin Andreae 1586-1986. Die Manifeste der Rosenkreuzerbruderschaft. Katalog einer Ausstellung in der Bibliotheca Philosophica Hermetica*. Amsterdam 1986

Carlos Gilly, *Adam Haslmayr. Der erste Verkünder der Manifeste der Rosenkreuzer*. Amsterdam 1994

Carlos Gilly, *Cimelia Rhodostaurotica. Die Rosenkreuzer im Spiegel der zwischen 1610 und 1660 entstandenen Handschriften und Drucke. Ausstellung der Bibliotheca Philosophica Hermetica und der Herzog August Bibliothek Wolfenbüttel*. Amsterdam 1995

Carlos Gilly & Pleun van der Kooij, Herausg. *Fama Fraternitatis. Das Urmanifest der Rosenkreuzer Bruderschaft zum ersten Mal nach den Manuskripten bearbeitet, die vor dem Erstdruck von 1614 entstanden sind*. Amsterdam 1998

Carlos Gilly & Friedrich Niewöhner (Herausg.) *Rosenkreuz als europäisches Phänomen im siebzehnten Jahrhundert*. Amsterdam 2002

Cis van Heertum, *Philosophia symbolica. Johann Reuchlin and the Kabbalah*. Amsterdam 2005

Hermetica. The Greek 'Corpus Hermeticum' and the Latin 'Asclepius' in a new English translation, with notes and introduction. Ed. Brian P. Copenhaver. Cambridge 1992

Bruce T. Moran, "Paracelsus, religion, and dissent: the case of Philipp Homagius and Georg Zimmermann" in *Ambix* vol. 43 (1996) 2, S. 65-79.

Jan van Rijckenborgh, *Der Ruf der Bruderschaft des Rosenkreuzes. Esoterische Analayse der Fama Fraternitatis R.C.*. Haarlem 19853

Khunrath

Peter Forshaw, "Curious Knowledge and Wonder-working Wisdom in the Occult Works of Heinrich Khunrath", in R. J. W. Evans & Alexander Marr (Herausg.), *Curiosity and Wonder from the Renaissance to the Enlightenment*. Farnham 2006

Peter Forshaw, "Alchemy in the Amphitheatre: Some consideration of the alchemical content of the engravings in Heinrich Khunrath's Amphitheatre of Eternal Wisdom (1609)" in Jacob Wamberg (Herausg.), *Art and Alchemy*. Copenhagen 2006

Peter Forshaw, "Subliming Spirits: Physical-Chemistry and Theo-Alchemy in the Works of Heinrich Khunrath (1560-1605)", in Stanton J. Linden (Herausg.), *Mystical Metal of Gold: Essays on Alchemy and Renaissance Culture*, New York 2007

Peter Forshaw, "Oratorium-Auditorium-Laboratorium: Early Modern Improvisations on Cabala, Music and Alchemy" in *Aries* 10-2 (2010), S. 169-195.

Peter Forshaw, "Kabbalah" in *The Occult World*. Christopher Partridge (Herausg.) (noch nicht erschienen)

Heinrich Khunrath. Amphitheatrum Sapientiae Aeternae – Schauplatz der ewigen allein wahren Weisheit. Vollständiger Reprint des Erstdrucks von [Hamburg] 1595 und des zweiten und letzten Drucks Hanau 1609, Carlos Gilly, Anja Hallacker, Hanns-Peter Neumann & Wilhelm Schmidt-Biggemann (Herausg.). Stuttgart-Bad Canstatt 2014

Martin Ruland der Ältere, *A Lexicon of Alchemy*. Übersetzt von A.E. Waite. London 1964

Barbara Szulakowska, *The Alchemy of Light. Geometry and optics in late Renaissance alchemical illustration*. Leiden 2000

Merian

Wilhelm Bingsohn [etc.] *Catalog zu Ausstellungen im Museum für Kunsthandwerk Franckfurt am Mayn [...] Matthaeus Merian des Aelteren*. Frankfurt 1993

Mögling

Richard von Dülmen, "Daniel Mögling. 'Pansoph' und Rosenkreuzer", in: *Blätter für württembergische Kirchengeschichte*, 72 (1972), S. 43-70.

Carlos Gilly, "Las novas de 1572 y 1604 en los manifestos rosacruces y en literatura teosófica y escatológica alemana anterior a la Guerra de los Treinta Años", in *Novas y cometas entre 1572 y 1618*, Miguel Á. Granada (Herausg.). Barcelona 2012

Ulrich Neumann, "'Olim, da die Rosen Creutzerey noch florirt, Theophilus Schweighart genannt': Wilhem Schickards Freund und Briefpartner Daniel Mögling (1596-1635)", S. 93-116 in *Zum 400. Geburtstag von Wilhelm Schickard. Zweites Tübinger Schickard-Symposion 25. bis 27. Juni 1992*, Friedrich Seck (Herausg.). Sigmaringen 1995

Speculum Sophicum Rhodo-Stauroticum. 1618. The mirror of wisdom of the Rosicrucians, übers. von Donald Maclean; Komm. von Paul Goodall, 2003

Michelspacher

Matilde Battistini, *Astrology, Magic and Alchemy in Art*. Los Angeles 2007

Helmut Gier, "Augsburger Buchwesen und Kunst der Druckgraphik im zweiten Jahrzehnt des siebzehnten Jahrhunderts", in *Augsburg. Die Bilderfabrik Europas. Essay zur Augsburger Druckgraphik der Frühen Neuzeit*, John Roger Paas (Herausg.). Augsburg 2001, S. 56-70

Stanislas Klossowski de Rola, *The Golden Game: Alchemical Engravings of the Seventeenth Century.* London 1997

Stanton J. Linden, *The Alchemy Reader: From Hermes Trismegistus to Isaac Newton.* Cambridge 2003

A.M. Luyendijk-Elshout, "Uit de bibliotheek van het Nederlands Tijdschrift voor Geneeskunde: Ontleding des Menschelyke Lichaems, 1667: anatomie en allegorie", in: *Nederlands Tijdschrift voor Geneeskunde* 1995, S. 631-5.

Rafal T. Prinke, "Hermetic Heraldry" in: *the Hermetic Journal* (1989), S. 62-78.

Karl Schadelbauer, "Zu Johannes Rümelin und Stephan Michelspacher", in: *Sudhoffs Archiv für Geschichte der Medizin*, Bd. 24, H.1 (1931), S. 123-127.

Susan Sirc, "Die Wahlverwandtschaften" in: Alison Adams & Stanton Lindon, *Glasgow Emblem Studies, Volume 3: Emblems and Alchemy.* Glasgow 1998

Urszula Szulakowska, "The Apocalyptic Eucharist and Religious Dissidence in Stefan Michelspacher's *Cabala: Spiegel der Kunst und Natur, in Alchymia* (1616)", *Aries*. 3-2 (2003), S.200-223.

Ursula Szulakowska, *The Sacrifical Body and the Day of Doom. Alchemy and Apocalyptic Discourse in the Protestant Reformation.* Leiden 2006

Fludd

High matter, dark language. The philosophy of Robert Fludd (1547-1637). (Exhibition catalogue Wellcome Institute for the History of Medicine). London 1984

Joscelyn Godwin, *Robert Fludd, Hermetic philosopher and surveyor of two worlds*. London 1979.

Johannes Rösche, *Robert Fludd. Der Versuch einer hermetischen Alternative zur neuzeitlichen Naturwissenschaft*. Göttingen 2008

William H. Huffman, *Robert Fludd and the end of the Renaissance*. London 1988

Maier

H.M.E. de Jong, *Michael Maier's Atalanta fugiens. Sources of an Alchemical Book of Emblems*. York Beach (MA) 2002

Geheime Figuren: Sophia

Magia, alchimia, scienza dal '400 al '700. L'influsso di Ermete Trismegisto/Magic, alchemy and science 15th-18th centuries. The influence of Hermes Trismegistus, Carlos Gilly & Cis van Heertum (Herausg.). Firenze 2005

Barbara Newman, *God and the Goddesses: Vision, Poetry, and Belief in the Middle Ages*. Philadelphia 2003

Ausgestellte Werke

Den Verleihern der Ausstellung, der Universitätsbibliothek Basel, der Universitätsbibliothek Salzburg, der Universitätsbibliothek Tübingen, der Württembergischen Landesbibliothek und der Zentralbibliothek Zürich, danken wir, dass sie uns erlaubt haben, einige einmalige Manuskripte und Drucke aus ihren Sammlungen zeigen zu dürfen.

Johann Valentin Andreae. *Chymische Hochzeit Christiani Rosencreutz*. Strassburg, Conrad Scher für Erben Lazarus Zetzner 1616
Bibliotheca Philosophica Hermetica Amsterdam

Johann Valentin Andreae. *Chymische Hochzeit Christiani Rosencreutz*. "Regensburg" [Berlin, Friedrich Nicolai] 1781
Bibliotheca Philosophica Hermetica Amsterdam

Johann Valentin Andreae, *Herculis Christiani Luctae XXIV*. Strassburg, Lazarus Zetzner 1615
Bibliotheca Philosophica Hermetica Amsterdam

Johann Valentin Andreae, 'Tobiae Hessi, Viri incomparabilis, immortalitas' in: ibid., *Memorialia*. Strassburg, Erben Lazarus Zetzner 1619
Bibliotheca Philosophica Hermetica Amsterdam

Johann Valentin Andreae, *Menippus*. "Cosmopoli" [o.O., o.N.] 1618
Bibliotheca Philosophica Hermetica Amsterdam

[Johann Valentin Andreae], *Mythologiae Christianae*. Strassburg, Erben Lazarus Zetzner 1619
Bibliotheca Philosophica Hermetica Amsterdam

Johann Valentin Andreae und Abraham Hölzel in: *Stammbuch Samuel Stephani*. Manuskript 1606-1627
Universitätsbibliothek Tübingen (Mh 770)

Julianus de Campis [pseud.], *Sendbrief oder Bericht an alle*. [o.O., o.N.] 1615
Bibliotheca Philosophica Hermetica Amsterdam

Colloquium Rhodo-Stauroticum. [o.O., o.N.] 1621
Bibliotheca Philosophica Hermetica Amsterdam

Oswald Crollius, *Basilica chymica*. Frankfurt, Gottfried Tampach [1623]
Bibliotheca Philosophica Hermetica Amsterdam

Fama Fraternitatis. Manuskript, 1610-1612?
Universitätsbibliothek Salzburg (Ms. M I 463, S. 1-35)

Fama Fraternitatis. Kassel, Wilhelm Wessel 1614
Württembergische Landesbibliothek Stuttgart

Fama Fraternitatis... Beneben der Confession oder Bekanntnuss. Frankfurt, Johann Bringer für Johann Berner 1615
Bibliotheca Philosophica Hermetica Amsterdam

Fama Fraternitatis. Frankfurt, Johann Bringer und Johann Berner 1616
Bibliotheca Philosophica Hermetica Amsterdam

Robert Fludd. *Philosophia sacra*. Frankfurt, Erben Johann Theodor de Bry 1626
Bibliotheca Philosophica Hermetica Amsterdam

Robert Fludd, *Schutzschrift für die Aechtheit der Rosenkreutzergesellschaft*. Leipzig, Adam Friedrich Böhme 1782
Bibliotheca Philosophica Hermetica Amsterdam

Robert Fludd, *Tractatus apologeticus integritatem Societatis de Roseae Cruce defendens*. Leiden, Govert Basson, 1617
Bibliotheca Philosophica Hermetica Amsterdam

Robert Fludd, *Utriusque Cosmi, Maioris scilicet et Minoris, Metaphysica, Physica, atque Technica Historia*. Oppenheim, Johann Theodor de Bry 1617, 2 Exemplare
Universitätsbibliothek Tübingen und Bibliotheca Philosophica Hermetica Amsterdam

Joachim Frizius [pseud. für Robert Fludd], *Summum bonum*. [o.O., o.N.] 1629
Bibliotheca Philosophica Hermetica Amsterdam

[Philippus a Gabella], *Secretioris philosophiae consideratio brevis ... cum Confessione Fraternitatis R.C.*. Kassel, Wilhelm Wessel 1615
Universitätsbibliothek Tübingen

Geheime Figuren der Rosenkreuzer. Manuskript, vor 1785
Bibliotheca Philosophica Hermetica Amsterdam

Geheime Figuren der Rosenkreuzer. Altona, [o.N.] 1785-1788
Bibliotheca Philosophica Hermetica Amsterdam

F.G. Menapius [pseud. für Friedrich Grick], *Antikrisis ad Responsum Florentini de Valentia*. [o.O., o.N.] 1618
Bibliotheca Philosophica Hermetica Amsterdam

F.G. Menapius [pseud. für Friedrich Grick], *Clypeum veritatis*. [o.O., o.N.] 1618
Bibliotheca Philosophica Hermetica Amsterdam

Hermes Trismegistus. *De potestate ac sapiencia Dei*. Mainz, Johann Schöffer 1503
Bibliotheca Philosophica Hermetica Amsterdam

Hermes Trismegistus, 'Tabula Smaragdina' in Geber, *In hoc volumine de alchemia...* Nürnberg, Johannes Petreius 1541 **Bibliotheca Philosophica Hermetica Amsterdam**

Johannes Kepler, *De Stella nova in pede Serpentarii*. Prag, Paulus Sessius 1606
Universitätsbibliothek Tübingen

Heinrich Khunrath, *Amphitheatrum Sapientiae Aeternae*. Hanau, Wilhelm Antonius 1609
Bibliotheca Philosophica Hermetica Amsterdam

Heinrich Khunrath, *Vom hylealischen, das ist, Pri-materialischen catholischen, oder algemeinem natürlichen Chaos*. Magdeburg, Erben Undreas Gehne 1597
2 Exemplare; **Bibliotheca Philosophica Hermetica Amsterdam**

Michael Maier, *Atalanta fugiens*. Oppenheim, Johann Theodor de Bry 1618
Bibliotheca Philosophica Hermetica Amsterdam

Michael Maier, *Chymisches Cabinet*. Frankfurt, Georg Heinrich Oehrling 1708
Bibliotheca Philosophica Hermetica Amsterdam

Michael Maier, *Secretioris naturae secretorum scrutinium chymicum*. Frankfurt, Johann Philipp Andreae d.J. für Georg Heinrich Oehrling 1687
Bibliotheca Philosophica Hermetica Amsterdam

Michael Maier, *Silentium post clamores, hoc est, tractatus apologeticus*. Frankfurt, Lucas Jennis 1617
Bibliotheca Philosophica Hermetica Amsterdam

Michael Maier, *Themis aurea, das ist, von den Gesetzen, und Ordnungen der löblichen Fraternitet R.C.* Frankfurt, Nicolaus Hoffmann für Lucas Jennis 1618
Bibliotheca Philosophica Hermetica Amsterdam

Stephan Michelspacher, *Cabala, Spiegel der Kunst unnd Natur: in Alchymia*. Augsburg, Johann Schultes für Stephan Michelspacher 1615
Bibliotheca Philosophica Hermetica Amsterdam

Stephan Michelspacher, *Cabala, Speculum artis et naturae, in alchymia*. Augsburg, David Frank für Stephan Michelspacher 1616
Bibliotheca Philosophica Hermetica Amsterdam

Theophilus Schweighart [pseud. für Daniel Mogling]. *Pundora sextae Aetatis*. [o.O., o.N.] 1617
Württembergische Landesbibliothek Stuttgart

Theophilus Schweighart [pseud. für Daniel Mögling]. *Speculum Sophicum Rhodo-stauroticum*. [Oppenheim, Johann Theodor de Bry 1618]
Württembergische Landesbibliothek Stuttgart

Theophilus Schweighart [pseud. für Daniel Mögling]. *Speculum Sophicum Rhodo-stauroticum*. Manuskript, nach 1618
Zentralbibliothek Zürich, Bibliothek Oskar R. Schlag

Florentinus de Valentia [pseud. für Daniel Mögling]. *Rosa florescens contra F.G. Menapii Calumnias.* [o.O., o.N.] 1618
Bibliotheca Philosophica Hermetica Amsterdam

Paracelsus, *Astronomia magna oder die gantze Philosophia sagax*. [Frankfurt, Martin Lechler für Hieronymus Feyerabend] 1571
Bibliotheca Philosophica Hermetica Amsterdam

Johann Remmelin und Stephan Michelspacher, *Pinax microcosmographicus*. Amsterdam, Joost Broersz für Cornelis Dankersz 1634
Bibliotheca Philosophica Hermetica Amsterdam

Simon Studion, *Naometria*. Manuskript 1604
Württembergische Landesbibliothek Stuttgart (Cod.Theol. 4° 23a)

Tauler, *Predig*. Basel, Adam Petri für Johann Rynmann 1522
Bibliotheca Philosophica Hermetica Amsterdam

Abbildungen

Alle Abbildungen stammen aus Exemplare der Bibliotheca Philosophica Hermetica, außer wenn anders vermerkt.

S. 6 Bonaventura Reihing, *Sendschreiben, an die Brüderschafft dess hochlöblichen Ordens dess Rosenkreutzes*, in: Theophilus Schweighart [pseud. für Daniël Mögling], *Pandora sextae aetatis*. [o.O., o.N.] 1617
Württembergische Landesbibliothek Stuttgart
S. 10-11 Heinrich Khunrath, *Amphitheatrum Sapientiae Aeternae*. Hanau, Wilhelm Antonius 1609
S. 15 Theophilus Schweighart [pseud. für Daniel Mögling]. *Speculum Sophicum Rhodo-Stauroticum*. [Oppenheim, Johann Theodor de Bry 1618]
p. 16 Theophilus Schweighart [pseud. for Daniel Mögling]. *Speculum Sophicum Rhodo-Stauroticum*. Manuskript, nach 1618
Zentralbibliothek Zürich, Bibliothek Oskar R. Schlag
S. 19 Rechts: *Fama Fraternitatis*. Kassel, Wilhelm Wessel 1614
Württembergische Landesbibliothek Stuttgart;
Links: Adam Haslmayr, *Antwort an die lobwürdigen Brüderschafft der Theosophen von Rosenkreuz*, [o.O., o.N.] 1614
Weimar, Anna-Amalia-Bibliothek (inzwischen verloren gegangen)
S. 22 Marsilio Ficino, De *comparatione solis ad Deum*. Manuskript, 1492
Württembergische Landesbibliothek Stuttgart (HB XV 65)
S. 27 Simon Studion, *Naometria*. Manuskript 1604
Württembergische Landesbibliothek Stuttgart (Cod.Theol. 4° 23a)
S. 29 Eintrag von Johann Valentin Andreae und Abraham Hölzel in: *Stammbuch Samuel Stephani*. Manuskript 1606-1627
Universitätsbibliothek Tübingen (Mh 770)
S. 30 Porträt von Johann Valentin Andreae aus *Seleniana Augustalia*. Ulm, Balthasar Kühn [1649] und eine Seite aus Johann Valentin Andreae, *Chymische Hochzeit Hochzeit Christiani Rosencreutz*. Strassburg, Conrad Scher für Erben Lazarus Zetzner 1616
S. 32 Johannes Kepler, *De Stella nova in pede Serpentarii*. Prag, Paulus Sessius 1606
Universitätsbibliothek Tübingen
S. 37 Johann Valentin Andreae, *Mythologiae christianae...libri tres*. Strassburg, Erben Lazarus Zetzner, 1619
S. 38 Johann Valentin Andreae, *Herculis Christiani Luctae XXIV*. Strassburg, Lazarus Zetzner 1615
S. 39 Johann Valentin Andreae, *Menippus*. [o.O., o.N.] 1617
S. 40 Porträt von Paracelsus aus: *Philosophia magna*. Köln, Erben Arnold Birckmann 1567
S. 42 Haslmayrs 'Character cabalisticus', in: Liberius Benedictus, *Nucleus sophicus oder Ausslegung in Tincturam physicorum Theophrasti Paracelsi*. Frankfurt, Lucas Jennis 1623
S. 44 [Johann Valentin Andreae], *Turbo*. [Strassburg, n.n.] 1616
S. 46 Detail aus Waldseemüllers *Carta Marina*, 1516
S. 49 und 50 Abraham von Franckenberg, *Tabula universalis Theosophica Mystica et Cabalistica*, 1623
Universitätsbibliothek Rostock
S. 52 Johann Valentin Andreae. *Chymische Hochzeit Christiani Rosencreutz*. Strassburg, Conrad Scher für Erben Lazarus Zetzner 1616
S. 54 *Fama Fraternitatis*. Manuskript, 1610-1612?
Universitätsbibliothek Salzburg (Ms. M I 463)

— Liste der Abbildungen —

S. 55 Heinrich Khunrath, *Amphitheatrum Sapientiae Aeternae*. Hanau, Wilhelm Antonius 1609
S. 58 Oswald Crollius, *Basilica chymica*. Frankfurt, Gottfried Tampach [1623]
p. 60 Benedictus Hilarion, *Echo Colloqui Rhodostaurotici, Das ist: WiderSchall*. [o.O., o.N.] 1622
p. 63 Oswald Crollius, *Basilica chymica*. Frankfurt, Gottfried Tampach [1623]
p. 64 *Colloquium Rhodo-Stauroticum*. [o.O., o.N.] 1621
p. 65 Tobias Hess, Inventar seiner Bibliothek 1614
p. 66 Robert Fludd, *De praeternaturali utriusque mundi historia*. Frankfurt, Johann Theodor de Bry 1621
S. 70 Robert Fludd, *Utriusque Cosmi, maioris scilicet et minoris, metaphysica, physica, atque technica Historia*. Oppenheim, Johann Theodor de Bry 1617
S. 77 Robert Fludd, *De supernaturali, naturali, praeternaturali et contranaturali microcosmi historia*. Oppenheim, Johann Theodor de Bry 1619
S. 78 Robert Fludd, *Utriusque Cosmi, maioris scilicet et minoris, metaphysica, physica, atque technica Historia*. Oppenheim, Johann Theodor de Bry 1617
S. 81 Porträt von Khunrath aus Heinrich Khunrath, *Amphitheatrum Sapientiae Aeternae*. Hanau, Wilhelm Antonius 1609
S. 86-87 Heinrich Khunrath, *Amphitheatrum Sapientiae Aeternae*, Manuskript von
Johann Friedrich Jung, 1601-1602
Kopenhagen, Det Kongelige Bibliotek
S. 88-91 Heinrich Khunrath, *Amphitheatrum Sapientiae Aeternae*. [Hamburg, Jacob Lucius jr.] 1595
Basel, Universitätsbibliothek
S. 96 Heinrich Khunrath, *Amphitheatrum Sapientiae Aeternae*. Hanau, Wilhelm Antonius 1609
S. 97 Detail von einem Gemälde von Jan Steen, 'Het dronken paar', c. 1650; Eule links aus Heinrich Khunrath, *Amphitheatrum Sapientiae Aeternae*. Hanau, Wilhelm Antonius 1609; Eule rechts aus: Heinrich Khunrath, *Vom...hylealischen Chaos*. Magdeburg, Erben Andreas Gehne 1597
S. 98 und 101 Theophilus Schweighart [pseud. für Daniel Mögling]. *Speculum Sophicum Rhodo-Stauroticum*. Manuskript, nach 1618
Zentralbibliothek Zürich, Bibliothek Oskar R. Schlag
S. 100, 104, 108, 110 Theophilus Schweighart [pseud. für Daniel Mögling]. *Speculum Sophicum Rhodo-Stauroticum*. [Oppenheim, Johann Theodor de Bry 1618]
S. 106 Theophilus Schweighart [pseud. für Daniel Mögling]. *Pandora sextae aetatis*. O.O., o.N. 1617
Württembergische Landesbibliothek Stuttgart
S. 112 Detail aus Theophilus Schweighart [pseud. für Daniel Mögling]. *Speculum Sophicum Rhodo-Stauroticum*. [Oppenheim, Johann Theodor de Bry 1618] und ein Stich von Bonaventura Reihing in ibidem, *Pandora sextae aetatis*. O.O., o.N. 1617
Württembergische Landesbibliothek Stuttgart
S. 115 Johann Remmelin und Stephan Michelspacher, *Pinax microcosmographicus*. Amsterdam Joost Broersz für Cornelis Dankersz 1634
S. 116 Heinrich Khunrath, *Vom hylealischen, das ist, Pri-materialischen catholischen, oder algemeinem natürlichen Chaos*. Magdeburg, Erben Andreas Gehne 1597
S. 118, 120-121, 123 Stephan Michelspacher, *Cabala, Spiegel der Kunst unnd Natur: in Alchymia*. Augsburg, Johann Schultes für Stephan Michelspacher 1615
S. 119 Heinrich Khunrath, *Vom hylealischen, das ist, Pri-materialischen catholischen, oder algemeinem natürlichen Chaos*. Magdeburg, Erben Andreas Gehne 1597
S. 125 Porträt von Robert Fludd from *Utriusque cosmi...historia*. Oppenheim, Johann Theodor de Bry 1617

S. 126 Widmung an Gott von Robert Fludd, *Utriusque cosmi...historia*. Oppenheim, Johann Theodor de Bry 1617

S. 128, 131, 133 Robert Fludd, *Utriusque cosmi...historia*. Oppenheim, Johann Theodor de Bry 1617

S. 135-137 Robert Fludd, *De praeternaturali utriusque mundi historia*. Frankfurt, Johann Theodor de Bry 1621

S. 138-139 Robert Fludd. *Philosophia sacra*. Frankfurt, Erben Johann Theodor de Bry 1626

S. 141 Joachim Frizius [pseud. Robert Fludd], *Summum bonum*. [o.O., o.N.] 1629

S. 143 Porträt von Michael Maier aus *Atalanta fugiens*. Oppenheim, Johann Theodor de Bry 1618

S. 144, 147-149, 151-152 Michael Maier, *Atalanta fugiens*. Oppenheim, Johann Theodor de Bry 1618

S. 154 *Geheime Figuren der Rosenkreuzer.* Manuskript, vor 1785